信心的跳躍

懷疑論父親與神學教授兒子的
30 封眞實心靈書信

Dr. Gregory A. Boyd and Edward K. Boyd

陳景亭　王逸人　譯

葛雷格‧博德
愛德華‧博德　著

目錄

關於
神的問題

關於
耶穌的問題

關於
聖經的問題

信心的跳躍——懷疑論父親與神學教授兒子的 30 封真實心靈書信

PART 4

關於基督徒生活
及教義的問題

　　父親今年七十歲了，他是一位極有智慧、意志堅定的懷疑論者。我找不出有誰會比他更不容易轉變成基督徒。他對教會充滿敵意，向來直言無諱的道出他對那些自稱為「重生基督徒」的反感。我信耶穌十四年以來，我們父子僅有幾次談到信仰，但都簡短、尷尬，且毫無交集。老實說，我對父親接受基督救恩幾乎已經不抱希望了。

　　一九八九年三月，神感動我以通信的方式和父親分享福音。我抱著與他長期抗戰的精神，請他與

我對話。我請父親利用這機會提出任何有關基督信仰的問題及反對意見，並給我機會回應我對基督真理的認識。我當時毫無信心，也不抱任何指望，但不試白不試，就算把死馬當活馬醫吧！

令人驚訝的是父親竟然接受我的邀請，開始了我們之間的書信對話。在近三年的三十封信函往返之後，父親於一九九二年一月十五日接受耶穌基督成為他生命的救主。

我決定將我們父子之間的通信出版是有原因的。首先，我覺得有無數的基督徒像我一樣，面對著不信的親人感到無奈。這些親人當中必定有許多像我父親一樣理性、懷疑卻又無助的人。我相信父親提出的問題及異議可能也是許多未信者的問題及異議，期望藉此舉鼓勵和我有類似情況的基督徒們不要灰心，並提供一些基督的真理。

此外，我也認為我們的對話可以幫助慕道友及基督徒在理性基礎上扎根。雖然我們的通信並未包

含所有對基督徒信仰的批評與辯護，但是父親敏銳的問題幾乎囊括了所有相關的反對意見，也幾乎觸及到所有辯護的重點。

最後，我相信這些信函可以幫助護教學的學生及個人傳道。我們常覺得護教學是個象牙塔的訓練，和實際傳福音不太有關係。我們也常常認為反對基督信仰是因為道德觀念不同，而不是理念不同，「罪人」需要的是「講道」，不是「講理」。

我希望我們的對談可以打破這個謬論。當然，不信者對福音永遠都存有一個屬靈層次上的排斥，再多的理論都不能改變一顆不信的心，還需要禱告和屬靈的爭戰。但不信的人在理念上的抗拒，並不表示他們不真誠。基督徒應該先認清真理，並將真理的證據拿出來與人分享，這也是基督徒的責任。

父親和我的對話也證明了幾點：

一、知識和心靈的因素如何密切關聯著不信者對福音的排斥，以及我們如何針對這兩方面同時進

行溝通；

二、護教學的實用與功效；

三、神如何用福音書在知識上感動一個原本無動於衷的心；

四、在分享福音時，持之以恆的愛及摯誠的溝通所產生的力量，足以改變一個人的生命。

父親、我及出版公司希望盡量保留原來的面目，為達到結構更明確以及內容更清晰的目的，才做一些必要的修改。我們盡可能不更動原信函的字句，為了不失真，也沒有刪改父親的用詞，如果有得罪讀者的地方，在此表示歉意。我們也沒有修改我非正式的引用聖經經文，當經文完全引用聖經時，用的是NIV版本（中文版是和合本）。

在此我要對所有協助我們出版此書的人致謝。我非常感激貝索大學（Bethel College）一九九二年間的護教學學生，謝謝他們提供的批評及編輯上的建議，我很高興能與他們在課程中分享父親生命的

轉變。也非常謝謝之前在貝索大學及敞開的門教會（Church of the Open Door）的學生，謝謝他們在課堂中與我分享他們對父親來信的見解。

當然我要向父親致上最深的感謝，謝謝他給我們對話的機會，他大方將他的想法、感覺、時間及生命傾注信中。他的率直、真誠和「直話直說」的態度，在信中像一股清流。我也謝謝父親准許我將他的信與學生分享，現在又全數拿出來與讀者分享。

最後，父親和我要向我們的救主耶穌基督致上最深的謝意，讓我們在生命中可以見證到祂，祂的恩典真是無比奇妙。我們也為所有能從這本書得到幫助的人禱告，有些可能早已被認為「無可救藥」的人，願你得到這份「奇異恩典」。

葛雷格・博德博士

滿懷希望的邀請

親愛的爸爸：

相信你和珍妮在陽光絢麗的佛羅里達一切安好。我們除了小感冒之外也都平安。明尼蘇達州的漫長嚴冬已快結束，只是不知道什麼時候才能熬到春天的來臨。

告訴你一件或許你想知道的事。昨天我應明尼蘇達伊斯蘭教中心的邀請，將在明尼蘇達大學與一位知名的伊斯蘭教學者辯論「三位一體」，即基督

教的聖父、聖子、聖靈三位一體論。他是一位專業的辯論家，學經歷簡直就像一本百科全書那麼豐富！或許我有些自不量力，但還是硬著頭皮接受了挑戰。我對四月十三日的辯論覺得有些威脅感，也有點興奮。

你知道我在貝索大學教護教學，是研究當基督教信仰遇上非基督徒的反對意見時，應該如何辯解，以及為基督教信仰的真理提出正面理由的一門課，是我最愛的一門課。這場辯論將是護教學一個很好的磨練機會。或許你不知道，我會跨進這個領域，跟你還有密切的關聯呢！十四年前我剛成為基督徒時，你很擔心我誤入歧途變成異端（當時的確差點讓你不幸言中），不斷提出問題及反對意見挑戰我的信仰，反倒幫助我深入了解基督信仰。雖然當時我不懂得珍惜，但現在可是非常感激。是你培養了我嚴謹的思考能力，幫助我徹底了解基督救恩的真理，所以飲水思源，我得謝謝你！

一年以後，我的信仰日漸成熟，不再趨向偏激，我們之間的討論就中斷了。有幾次我刻意提到這個話題，但我們再也沒長談過。

爸爸！我好盼望能和你深入的談談為什麼這十四年來我會堅持做一個基督徒。希望和你分享的主要原因絕不是因為我對護教學的熱愛，而是基於我對你的摯愛，衷心期盼將自己生命中最寶貴的經驗與你分享，相信你不會責怪我的。對我來說這世上最可貴的就是親身經歷耶穌基督的大能與愛，這也是人類在世上所能擁有最珍貴的東西。因為我深信一個人能擁有與基督美好的關係是最重要的事，在我看來，那是永遠的。

我常常和許多人討論基督信仰，卻因沒能和愛我、關心我，也是將我帶進基督領域的父親談論這麼重要的話題而感到遺憾。你今年已七十歲了，我深切的期望與你開始父子間的對話。以我們的父子關係而言，能夠開懷暢談彼此的世界觀，該是多麼

美好的一件事。

你別擔心，我知道你不喜歡聽人說教（我還記得剛信基督那年老跟你說教的事），相信我，這次一定記取教訓。我們可以有一個持續的對談，你可以提出你不願意信基督的原因，我也分享我信基督的理由。

你願意嗎？最起碼這番父子間的談話將很具啟發性，會增進我們對彼此的了解。任何一個信仰——不論是信基督或無神論——都應該經得起挑戰，否則這信仰就不值得信。你說呢？

誠摯且滿懷希望的
葛雷格
1989 年 3 月 10 日

關於神的問題

01

為什麼基督教造成那麼多的傷害？

親愛的葛雷格：

昨天收到你的來信，發現它真的能激發思考。

首先我要說的是，對於你要和伊斯蘭教學者辯論一事，我可是非常興奮，真希望我可以親臨現場。如果可能的話，可不可以寄一卷錄音帶給我？讓我知道。

我對於你想和我談談有關基督教信仰這件事很有興趣，也很樂意。目前我手頭有的是時間。葛雷

格，我認為你太誇獎老爸了，我的信仰（也可以說是沒有信仰）並非建立在我擁有什麼正面的立場，相反的，是建立在一堆負面的觀點上。我可以找出許多宗教和政治觀點的錯誤，至於我個人所相信的，卻一點也不堅定。事實上，我毫無所謂的「信心」或「世界觀」，只是能清楚的知道什麼是我所不相信的。同時，我和你不一樣，我不是一位受過訓練的哲學家，如果你寫給我的東西和你寫的博士論文一樣，那就算了吧！我根本看不懂，所以你一定要寫得簡單一點。

葛雷格，你知道我很羨慕你所獲得的教育。我實在想不透為什麼在一個相當自由開放的學校唸書，你卻相信基督教。這真讓我摸不著頭腦，覺得難以置信。不過我這個人從來不放棄任何辯論的機會，為什麼不從現在開始呢？

你要我提出所有我可以想到的反對理由，那我就不客氣了。有一個一直讓我想不通的問題：一個

全能與無所不愛的神，怎麼會容許教會長期傷害人類？難道這不是祂真正的教會嗎？難道教會不是祂在地上的代表嗎？

我感到不解的是，在「神聖的」十字軍戰爭中，當基督徒屠殺伊斯蘭教徒和猶太教信徒——包括婦女和兒童的時候，神在哪裡？神為什麼會允許「祂的子民」在西班牙宗教裁判所（Spanish Inquisition，一四八〇年到一八三四年的天主教法庭，以殘暴手段迫害異端）中，把西班牙的猶太「非信徒」幾乎全部燒死？為什麼一個無所不愛的神會容許教會參與像納粹對猶太人的大屠殺，還「奉祂的名」做這些事呢？

依我的想法，光是這點就足以證明教會並不具有任何真正的哲理。誰決定哪些書卷是「神授的」？哪些書卷應該組成聖經呢？正是教會，難道不是嗎？就我的認知，這已足以把聖經當成笑柄，成為拒絕聖經的理由。

好了，你要的反對理由已經給你了，我等你的
回音。

轉告雪莉和孩子們，我愛他們。

永遠愛你的老爸
1989 年 3 月 13 日

01

為什麼基督教造成那麼多的傷害？

親愛的爸爸：

　　謝謝你的來信。關於我的辯論會，只要我能拿到錄音帶，一定會為你寄上。據我所知，以往的辯論會多半都有錄影記錄，像我的對手就有三百多場辯論會的錄影帶。我不知道主辦單位的計畫，但我會告訴你的。

　　真高興你願意與我討論基督信仰，我相信我們之間的對話將深入又有啟發性。你說你很清楚的知道你所不信的是什麼，我一直覺得推翻一個錯誤的理論遠比證明一個真理容易得多，所以你所不信的多於你所信的，證實了你的思考嚴謹精密。

　　我只有一個請求，就是請你對基督教中心信仰的真實性持客觀態度，因為我所努力辯護的基督教基本信仰，是能讓我們的生活建立在它上面最合理的信仰。這個信仰就是有一位具有人性又有愛心的神，藉著耶穌完完全全彰顯出祂自己，更因祂的慈

愛恩典，世人才得拯救。聖經是祂啟示的，我們可以藉著研讀聖經而與祂更加親近。我要強調，這信仰是確實的真理，而且時常應驗在我們日常生活中，沒有任何其他的世界觀可以圓滿的解釋這一切。老實說，我的最終目的就是讓你接受基督信仰，並與神建立關係。我希望與你分享來自神的平安與喜樂，也答應你在討論時用淺顯易懂的字。

你上封信中提出的反對意見非常好，你說我過分誇獎你，其實一點也沒有。我覺得我們不能將任何宗教或教會犯錯的責任推卸給神。這位在聖經中所描述，化身為耶穌基督的神是一位慈愛的神。因祂的愛給了我們自由、自主權，愛與自由是不能分開的。神創造人時給了人選擇愛的自由，但也同時給了人選擇犯罪的自由。假如神要擔當人犯罪的責任，那就意味著人只不過是在神計畫中執行的機器人罷了。果真如此，人心中不可能有愛。我要強調的是，罪惡的根源來自人的自由選擇，並非來自

神，因為神所做的一切都是美好的。

　　你信中提到那些假借神的名義做惡事的基督教會，他們雖自稱為「基督徒」，在我看來他們並不是「真的」基督徒。基督信仰並不是一個宗教或是宗教機構，而是代表個人與神的關係。真正的基督徒在他們的日常生活中反映出他們與神的親密關係，他們才代表基督教帶給這世界的貢獻。基督信仰這個「宗教」或教會這個「機構」，都不能代表基督徒。機構不能成為基督徒，人才能。

　　說到這裡，我必須要劃清「基督信仰」和「基督教會」的界線，兩者的共同點可能僅限於他們的名稱。我無法為所有以基督為名所做的事辯護，因為我也像你一樣的憤怒。

　　再次謝謝你的回應。言語無法表達我的興奮，想想我所說的再回信給我，好嗎？

愛你的葛雷格

1989 年 3 月 16 日

為什麼世界充滿了這麼多苦難？

02

親愛的葛雷格：

很高興這麼快就收到你的回音。我很驚訝你在百忙之中還能用這麼快速的步調寫信，不過我有的是時間，所以應該由你來決定步調。我跟你一樣，喜歡有機會發表自己的想法。

好吧！你說「基督教會」和「基督徒」是不同的，這個說法十分有趣，也很新鮮。不過坦白說，我不接受。難道教會不是神在地上授權的代表嗎？

無論如何，神起碼也應該監督某些活動啊！

其實我對一位無所不愛的神的概念有很大的疑問，這只是其中的一小部分而已。不單是教會中罪惡的問題，而是全世界罪惡的問題。如果神創造了這個世界，而且又關心這個世界，為什麼還會有那麼多糟透了的苦難？你的回答是神不能負全責，因為祂給了人類選擇做對或做錯的自由。葛雷格，我不認為這個問題可以如此輕易的一筆帶過，當祂坐視人做出傷害別人的決定，使得無辜的人遭受苦難時，神絕對不是你把祂說成「慈愛」的那位神！

當我在佛羅里達讀到一篇關於一個入獄七、八年後獲釋的精神病患的報導時，就想到這些事情。這個精神病患強暴了一個十幾歲的女孩、砍掉她的雙臂，當她死時棄之不顧。他有選擇犯罪的自由，但是那無辜的小女孩有什麼選擇呢？看來那位「慈愛」、護庇人的神完全把她給忘了！為什麼神看重罪犯的自由，而不是受難者的自由？

依此類推，非洲的乾旱使幾百萬人因為缺少雨水而餓死，這可沒有什麼自由選擇可言。大自然就是攪亂了水的供應，使得好幾百萬無辜的人（大部分是孩童）慘死。這些事情發生的時候，那位「慈愛、護庇人的」神在哪裡？是祂遺忘了他們？是神因為某些罪懲罰他們？還是像我以前聽到某些愚蠢的基督教傳道者所說的，因為他們是伊斯蘭教徒而受到懲罰？真是這樣的話，那麼這位神恐怕比一位遺忘了他們的神還要糟糕！

重點在於這個世界看起來一點也不像是背後有一位全能而又無所不愛的神。況且我也看不出你對自由的解釋能夠使這個狀況好轉。

嗯，說夠了。等候你的回信。

非常愛你的老爸
1989 年 3 月 23 日

親愛的爸爸：

我以須承認，你上封信所提出的論點實在太精采了。你的論點一針見血，真是「一神論者」最難應付的問題。

你說你不懂為什麼這位愛人的神會允許如此殘暴、慘無人性的事發生在一個無辜的女孩身上？你無法接受神給予人們自由選擇的理由，因為這理由只讓壞人得逞，卻沒有顧慮到犧牲者的選擇權。

你的問題好難回答，甚至讓我感到自己的答覆缺乏同情心。的確，遇上如此恐怖的噩運，向上帝發怒是天經地義的事。遭遇悲劇的人，憤怒是他最自然不過的直接反應。聖經上不是也記載著許多有信心的英雄人物，如約伯、大衛以及耶利米都曾質疑神，向神做出憤怒的祈禱嗎？但神不受質疑與憤怒的威脅。

不過回到誰要為世上的罪行負責時，我仍然維

持原來的論點，責任不能推卸給神。爸爸，我的看法是，當神決定賦予祂創造的人自由意志時，祂必須同時擔當人誤用自由意志，甚至可能傷害到別人的可能性。

真正的自由是要負責任的，彼此要為自己的行動擔當道義上的責任。如果一個人能決定要不要愛，他也能決定要幫助人或傷害人。如果神的設計不是如此，那麼祂所創造的人類頂多只是被操控的機器人，不能真正的愛人與被愛。這麼一來，神的精心創作不就全然不值得了嗎？

那麼為什麼神不阻止一個人濫用他的自由意志，以免造成社會傷害呢？我相信答案就在自由的真諦中。如果自由能在被誤用時及時被阻止，這自由就不是真正的自由。

舉個日常生活中常見的例子，如果我給女兒蒂娜五塊美金，我是否應能完全掌控她如何處置這五塊錢？如果我因她花錢的方式不符合我的標準就出

面干涉的話，我真的給了她這五塊錢嗎？如果她想買的東西必須經過我的同意，這錢還是她的嗎？不如說是她為我花的吧！

所以，如果神真的要給我們相當程度的自由，這自由就不能予取予求了。即使我們犯錯讓神看著傷心，祂仍必須在設定的範圍內採取放手的態度。神所創造的自由人，能做自己想要做的事，而不是做神設定他們做的事。

希望我的看法回答了你的問題。如果我的見解正確，則我們所不願見的罪惡乃是一個有真愛的世界必須付出的附帶代價，即使是創造萬物的神也別無選擇。如果你不同意，我們再繼續討論，期盼你的下封信。

永遠愛你的
葛雷格
1989年3月29日

用苦難換來自由的風險，值得嗎？

親愛的葛雷格：

　　我相信你們一家都過得很平順。你和伊斯蘭教學者辯論的事進展如何？抱歉遲了一點才回覆你的上封來信，因為我需要多些思考的時間。

　　有關自由和責任的關係，你的論點可能有些道理，令人相當好奇。不過我還有一個挑剔的問題，一個必須質問創造者智慧的問題——祂為自由下那麼大的賭注值不值得呢？創造一個世界，讓類似希

特勒或史達林之類的瘋子能利用他們的自由去剝奪其他數百萬人的自由以及性命，坦白說這實在是非常差勁的經營管理。如果祂那麼重視自由，為什麼祂要使一個人的意志摧毀幾百萬人的自由呢？

這樣做值得嗎？自由是不錯的，但我不知道值不值得讓我們見到這麼多的罪惡和痛苦充滿在這個世界上。我能確定的是，如果我們問那位被強暴和砍掉雙臂的女孩，她一定會說那是不值得的。如果你和奧斯威辛（Auschwitz）集中營裡的猶太受難者談話，他們會說：「希特勒寶貴的自由意志？去他的！」如果你和衣索匹亞那些瀕臨死亡孩子的母親談話，她的孩子正想從她乾癟的乳房中再吸出一滴奶，我不相信她會說那是值得的。

抱歉我這麼難搞，但我的問題看來很有道理。

非常愛你的老爸
1989年4月8日

信心的跳躍——懷疑論父親與神學教授兒子的 **30** 封真實心靈書信

親愛的爸爸：

感謝你如此重視我們之間的通信，我真的很高興，因為可以看出你花了許多心思在上面，而且提出許多值得探討的好問題。針對這些問題我分四點來探討：

第一：我認為「自由」可能造成的風險與好處應該是相等的。如果我有愛一個人的自由，同樣的我也有傷害他的自由。如果我有愛人一點點的「自由」，那麼同樣的，「自由」也能讓我傷害他一點點。如此類推，如果我能深深的愛一個人，我也能重重的傷害他。所以在我看來，如果人能做出罪大惡極的事，同樣的，人也應該有同等的潛力做出極有意義的好事。不可否認的，世上有希特勒和史達林這般罪大惡極的人，但不也有像拉烏爾·瓦倫堡（Raoul Wallenbergs）、德蕾莎修女（Mother Teresas）和金恩博士（Martin Luther King Jrs.）這樣的好人

嗎？有些人的確具有欺壓或屠殺成千上萬人的潛能，但是也有人有拯救、幫助成千上萬人的能力，而且我不認為能夠單單擁有後者而沒有任何前者的風險。

我可以理解你為何覺得神設計讓行惡的人也存在於世是「錯誤的經營管理」。如果神有其他選擇，或許我會同意你的看法，可惜的是神沒有任何其他可行的方法。當祂賜我們「自由」時，我們自然就擁有那與生俱來的為善與作惡的潛能。如同一個三角形必須有三邊，有「自由」必然就有為善的潛能和作惡的可能。

這一切值得嗎？是我要討論的第二點：面對這些慘絕人寰的悲劇，大家很自然的會覺得不值得。但是讓我們考慮三件事：首先，我們要明白，愛可能會傷人。不論是男女之情、親子之情、朋友之情，都可能帶來傷害。我知道你過去也受盡了被人排拒、愛人離世、子女悖逆等讓人難過的事，然而

我們仍舊選擇付出愛。我們通常會認為不能愛人的人是怯懦、可悲，甚至是不健康的，如果一個人從未付出愛，那麼他一定也不曾被愛傷害過，也可以說他並沒有真正「活過」。從宏觀的角度來看，神不也是一樣嗎？神並沒有因為可能造成的負面危險而停止創造有愛的世界。祂之所以創造這個世界，唯一的理由就是因為愛。神給我們自由，並不是為了要我們有自由，而是因為祂「愛」我們。人若沒有自由的意志，就失去了愛的能力。

　　這帶到我要說的第三點：從基督徒的觀點來看，神創造了世界，不只人要擔當各種風險，神要擔當更大的風險。聖經詳細記載了自創世以來，神因為人類罪惡的選擇所付出的一切代價，祂之所以受傷就是因為祂愛人類。在何西阿書中，神將自己比喻為那深愛妻子的丈夫，但妻子卻不忠於他，不但傷害了自己，還傷害到丈夫，甚至傷害了他們後代的子孫。雖然無比痛心，但神仍不停的呼召愛妻

（人），希望能重新建立忠貞的關係。

根據聖經的記載，神為人類罪惡所付出的代價甚至高到祂自己降世為人，為我們的罪被釘死在十字架上。雖然人們背棄祂，祂依舊深愛著人，願意為人犧牲贖罪，好使人與祂建立永恆和好的關係。在髑髏地的十字架上，祂為我們背負了所有的罪，以及罪所帶來的一切痛苦及懲罰。祂如此行，完全是出於「愛」，祂心甘情願如此。在神看來，因著愛人，即使是需要為人的罪而死，也是值得的。

這剛好帶到我要說的第四點：我們需要自問，愛真的值得付出這麼大的代價嗎？如果生命真是如此短暫，一切的痛苦和生命在死後就完全消失的話，或許我們會說不值得為愛付出那麼大的代價。但是如果真有基督，那麼以上所說的就得全盤推翻。因為在神的計畫中，我們活在地上只是永恆生命中的一小段序曲。對許多人而言，世上的生命可能充滿了苦難，但若從永恆的角度來看，這些苦難

是極為短暫的。耶穌在十字架上被釘死，所以人類才能在神賜的天堂中享受平安喜樂的永生。聖經中記載著神的應許，天堂的榮耀是地上的苦楚所無法比擬的。對第二次世界大戰中在奧斯威辛被集體殺害的人而言，結束地上的苦難而到天堂享受永生的景象，必定是「難以想像的美麗」──正如哥林多前書二章9節所記載的。

如果沒有天堂，人間所有的痛苦、所有的眼淚、孩子們絕望的哭泣，都得不到任何回應。對所有人而言，生命將是個悲劇。我們的夢想、希望、渴求、奮鬥、努力也將全屬白費。有人說「人生是場惡夢，接著是死亡」，難道你內心深處從未拒絕接受這樣的說法？難道聖經宣告的美好結局沒有引起你的共鳴？

許多理由使我相信這位神，也有許多理由使我相信耶穌的確存在，希望在不久的未來能與你分享。即使生命真的短暫，甚至沒有永生，我也拒絕

接受「生命只是個毫無意義的惡夢」的說法。

盼望你的回信。

愛你的葛雷格

1989年4月11日

神知不知道將來的事？

親愛的葛雷格：

　　幾天前在電話中和你及雪莉談得很愉快，聽起來你對馬上要和伊斯蘭教學者舉行辯論一事感到相當興奮，我也一樣。記得告訴我結果。

　　就像我在電話中告訴你的，我欣賞你的上封來信。你對天堂的想法讓我覺得有種一廂情願的感覺，誰說生命「不應該」像我們所見到的這麼悲慘？不過你對自由、愛和責任的看法倒相當深入！

它們引發我一個新的疑問：既然神無所不知，祂為什麼不能預先知道誰會不會正確的使用自由，然後只創造好人呢？那麼我們就可以活在一個沒有苦難，但仍然擁有自由的世界。神居然還要「冒險」，實在讓我感到奇怪。依你看，難道祂不能掌控一切嗎？

好好想想這個問題，讓我知道你的想法。

永遠愛你的老爸

1989 年 4 月 17 日

信心的跳躍——懷疑論父親與神學教授兒子的 **30** 封真實心靈書信

親愛的爸爸：

　　我與伊斯蘭教學者巴達偉博士（Dr. Badawi）的辯論進行得相當順利，會場擠得水洩不通，尤其是伊斯蘭教的觀眾特別多。能面對這麼多伊斯蘭教徒分享我為什麼相信耶穌道成肉身，對我來說真是個千載難逢的好機會。這次辯論的題目是「三位一體」，但是多半的時間，話題都圍繞在「耶穌」身上。事實上，耶穌是三位一體中的聖子，這兩個題目其實是分不開的。不出我所料，在場的基督徒都認為我的論點比巴達偉博士更具說服力。但是將心比心，我相信在場的伊斯蘭教徒也會覺得巴達偉博士的理論較具說服力，他真是一位相當機智的辯論家，但我對自己的表現及回應也非常滿意。

　　言歸正傳，回到我們之間的討論。你在上封信中提出一個很好的問題，那就是神是否預知一切，我覺得這問題是來自對「神是無所不知」的一種誤

解。沒錯，基督徒相信神知道一切發生的事，神也知道每一個人的心思意念，但假設神在每個人「自由」行使他的意志之前，就預知他的「自由選擇」將是什麼，恐怕是個錯誤的假設。正因為神給我們自由選擇的意志，我們做了決定之後，才會造成事實，在我們未做決定之前，事實是不存在的。因此，至少我的觀點是在未做任何決定之前沒有什麼可以預知的，神不能預知祂創造的人未來的決定是好是壞，祂需要先創造人，然後人才能做出他們的決定。

以上是我的想法，並非傳統基督教的立場。傳統的立場相信神預知我們每個人的一切行動，包括尚未做的決定。但是神之所以能預知，是因為人將要去做那件事。所以神預知的先決條件是，未來要採取行動的那個人已經存在，神不可能因為人的未來行為不合祂意，而不創造他，因為神若不先創造那個人，他的未來行為根本就不存在。

我個人認為，傳統的立場在哲理上是經不起挑戰的。然而，不論是我的看法或是傳統的立場，兩種說法都認同神所預知的未來世界與實際的現實世界息息相關。既然神知道祂親手創造的世界是個不完美的世界，則祂不可能選擇性的創造一個完美的世界。

　　我知道我的回答似乎有點太哲理了，我也曾經保證盡量使用簡單易懂的文字，但這次實在是難以做到，因為你的問題本身很哲理，叫我如何是好？

愛你的葛雷格

1989年4月29日

神為什麼要創造地震和飢餓？

親愛的葛雷格：

　　知道你和伊斯蘭教學者的辯論進行得十分順利，我非常高興。如果可能的話，請給我一卷錄音帶，有錄影帶的話更好，我很想看看。

　　你上封來信可把我打敗了，我不僅得讀上好幾遍才看得懂，而且你所說的很多東西都和我以前從天主教那裡學到有關神的教導互相牴觸。看起來你對神的觀點比我向來所認為的神要「人性化」多

了。我對聖經並不熟悉，但是一般人難道不認為神可以預知未來嗎？我承認你的觀點聽起來比我根本搞不懂的標準觀點要好些，不過我猜想你的觀點說不定只是你自己發明出來的。

　　無論如何，你已經充分解釋了神為什麼不能事先保證人類不會濫用他們的自由意志。不過你對一位無所不愛的神的信心還有一個很大的難題沒有解決，不論你對自由的觀點，還是神的智慧，都沒有談到這個難題：對於不是由任何一個人的決定所造成的罪惡，你怎麼幫神擺脫責任？既然神直接創造了一切，為什麼祂還要創造飢餓、地震、土石流、愛滋病、畸形兒等等？除了歸咎神自己的自由意志之外，還能怪罪哪一個人的自由意志呢？如果祂是無所不愛的神，誰都會認為祂應該更關心一點祂的受造之物呀！就寫到這裡了。

非常愛你的老爸
1989 年 5 月 11 日

親愛的爸爸：

　　最近學期末事情較多，抱歉隔了這麼久才回信。我先回答關於神知不知道未來的問題，然後再談罪惡的本性。並不是只有我一個人認為神不知道我們的自由意志將會如何做決定，還有不少神學家也有同樣的看法，但是這種看法並不表示神完全不知道未來將發生的事情。我的看法只認為神並不預知我們每一個人的自由意志會產生何種決定。

　　如果說未來的某些事是已經決定好的，不論是因為目前的環境所造成，或者是神自己決定的，那麼神當然知道哪些事情將會發生。至於尚未發生的由人自由決定的事，即使神也不能預知。神給了我們自主權，讓我們有很大的選擇空間。全能的神，為了祂所創造的人類，自動放棄了完全掌控的權力，因此祂也需要面對相當高的代價及風險。

　　至於說這個看法是否合乎聖經，神學家們各有

其說，看法不盡相同。我個人深信這個見解非常合乎聖經教導。在信裡我不再詳細敘述，只簡短的說明。我在聖經中所讀到神與人的互動關係，顯示神對未來保持著某種程度的開放態度。「未來」尚未變成事實，所以聖經上也曾記載神因新的情況而改變初衷的事（參考出埃及記三十二章14節，撒母耳記上十五章11節，耶利米書十八章7～10節、二十六章19節）。如果神對未來的藍圖一成不變，以上聖經所記載的事就不可能發生了。

所以，這位「開明」的神是「人性化」的。我相信這樣才更合乎聖經的原則。至於「神是無所不知、自始至終掌管一切的神」的見解，我認為那是亞里士多德的哲學思想多過聖經的教導。

至於你提到的天然災害，沒錯，天災並非直接因人為的自由決定而引起，但是神應為天災負責任嗎？我不認為。爸爸，請你想想以下三個原因：

第一：我認為世上絕大多數的災害是因為人自

己作惡的後果，並非純粹的天災。如果人真如神當初創造的美意行事，許多災害就不會發生了。以非洲的大饑荒為例，如果人人都「愛人如己」，世界上可能有人會餓死嗎？根據專家說，地球上有足夠的食物讓每一個人都能吃飽，只因為有人太浪費，以至於有許多人得不到他們所需的食物。我特別是指美國人，人口只占全球的百分之七，卻消耗了超過半數的資源。資料顯示，已開發國家每人過度消耗的資源，正是第三世界每人所不足的資源。

試想，如果沒有那些政治戰爭（如衣索匹亞的悲劇），如果沒有武器競賽，如果資源能夠平均分配，如果資源富足的人願意幫助他人，可以避免發生多少「天災」？有人說，甚至孟加拉的洪水問題都是因為人們不重視環保，造成臭氧層被破壞，再加上沒有幫助孟加拉人民建造防洪住宅，以致損失更加慘重。

爸爸，我認為許多看似「天災」的災難，多數

也是因為人的惡行造成的。

　　第二：有許多我們所謂的災害，只不過是因為神所創造的世界在某種程度上是受限制的。因為事實是任何受造物不可能超越他的創造者，這代表這世界有缺陷及不完美，就如任何受造物必定具有某些特徵，使其無法同時具有其他特徵，這樣的缺陷也常帶來不幸的結果。就如：讓我們立足的石頭必須夠硬，但腳趾踢到了卻會痛；我們呼吸的空氣重量必須夠輕，但就不能承受人的體重；我們喝的水能解渴，但人在水中卻不能呼吸等。即使每一個人都有理性、責任感和道德心，這世界仍然存在天生的缺陷。事實上，凡事都有一體兩面的特性，任何一個正面的優點，換個角度看總會有現實的短缺。伴隨著現實的明確度，我不認為這些缺陷是天生的罪惡，它們代表的只是事實。假使沒有人類的自作惡，我相信即使偶爾發生一些不幸的天災，我們仍能安居樂業的存在於這個不完美的世界。

然而，仍有些邪惡的事發生，既不是因為這世界不完美，也不是因為人不如神所創造的完美，例如：畸形兒就不是以上的原因能解釋的。「一神論者」如何回答這樣的問題呢？以下就是我要提到的第三點：如果聖經是正確的，爸爸，那麼人就不是被創造出來唯一有自由意志的。在這宇宙中，另有無數個有自由意志的靈，這些靈是無形的，最起碼在人類所能理解的形體中是無形的。我知道這種說法在你看來必定是無稽之談，但請你試著相信，幾乎全世界的每一個文化都有這樣的看法。或許因為我們受過科學的薰陶，所以比其他文化的人民更難接受這個理念。

　　聖經稱這些無形的靈為天使或魔鬼，但我希望你不要將帶著翅膀彈豎琴或長著紅牛角帶著叉耙的形象，與天使、魔鬼聯想在一起，聖經中從沒有提到過這些形象。他們在聖經中也被稱為「靈」，掌權的天使及魔鬼給人的印象是「靈的能力」大於肉

體的實物。無論如何，根據聖經，基督教對這些天使、魔鬼的了解是他們也像人一般有自主意識，所以其中有些靈也將其能力誤用在邪惡的事上。這些邪靈，你可稱他們魔鬼，正在與神以及所有代表好的事物作戰，地球（甚至可能其他的星球）正是他們的戰場。根據聖經記載，這些靈有著無比的潛力來愛，他們的潛力甚至超過人類；同樣的，他們也有遠超過人的力量來作惡。你也許聽過撒但墮落之前叫做明亮之星（Lucifer），原是神最美的創造。我相信牠有著極大的能力來愛，可惜的是，牠現在是個百分之百的惡魔；牠是宇宙級的希特勒！牠，還有其他魔鬼正對我們進行極大的攻擊。

　　從基督教的角度來看，這個世界已經被極大的力量所圍攻，這股強勁的惡勢力影響著每件事與每個人，造物的神不再是唯一影響我們的力量，這也就是為什麼世界從一方面看好得無比，但從另一方面看，卻變成令人難以想像的醜惡。無論是個人或

全人類，都夾在善惡兩股勢力的矛盾之中。美好的世界絕不是偶然的巧合，醜惡的那一面也不在原本美好的計畫中，而是來自人自由的選擇，所謂「罪惡的問題」就是如此了。

所以我認為這世界是一個戰場，我們就像二次大戰的諾曼第人，被夾在戰爭的烽火中。如你所知，許多恐怖的事都可能發生在戰場上，在此情況下，任何東西都可能變成武器，任何人都可能被犧牲，正如聖經說世界是一片混亂。

我無法假裝自己知道邪靈如何興風作浪，因為聖經上從未提過，但我深信世間的災禍如果不是人為因素或天生的不完美引發的，那就是邪靈引起的。總而言之，我們多少都是這場戰爭的犧牲者。

我相信我的第三個論點對你來說必定很難接受，我自己以前也有同感，但是我現在相信這論點，因為這是聖經的教導，許多理由使我相信聖經的記載是真實的。聖經對於愛人、無所不能的神

和罪惡的共存，有著合情合理的解釋，讓我有足夠的理由相信這位神。我希望有一天除了討論問題之外，也能和你分享我的神。

盼望你的來信。

滿懷希望的
葛雷格
1989年5月29日

神為什麼要

創造撒但？

06

信心的跳躍——懷疑論父親與神學教授兒子的**30**封真實心靈書信

親愛的葛雷格：

哇！上封信可真是好玩啊！正如你的猜測，我的確覺得很多地方都難以相信。我想我可以接受你那個創造受到限制的說法，不過你提到魔鬼那回事就太牽強附會了。我承認，對我而言，這個世界不像出自一位無所不愛的神的藝術品，倒像一個「戰場」。所以，如果有人會相信這麼一位神，我想他最好相信像你所說的「宇宙戰場」之類的東西。但

是對我來說，這不過是再一次顯示你對神的觀點大錯特錯。

不管怎樣，如果你不嫌我煩的話，關於這點我還有一些疑問。首先，我搞不懂為什麼像你這麼一位從普林斯頓大學和耶魯大學拿到學位的人，竟然會真的相信天使和魔鬼這些事。坦白說，在這個世界上有一個肉眼看不見，卻能行善、作惡的靈的想法，簡直有點像出自《星際大戰》電影或中世紀的迷信玩意兒。

我的另一個問題是：神當初為什麼要創造撒但？你可能會說，成為邪惡是出自撒但的自由抉擇，但如果牠被創造得那麼棒，為什麼牠還會做出那麼壞的抉擇呢？壞人做出壞的抉擇，才讓他們變成壞人；好人應做出好的抉擇，因此讓他們成為好人。如果撒但原來是神最美的創作，怎會做出那麼壞的抉擇，而且還做了那麼多的惡事呢？

我剛剛想到，相同的論點可以用在人身上。神

起初創造的人既然全是好人，他們怎麼會變得那麼壞？你試著就自然的災難幫神找藉口，指出人類是多麼的不可愛和不關心別人，這點我同意，不過現在我仍懷疑這些藉口不是真的管用。總之，創造我們的是祂，不是嗎？給我們大自然的是祂，這一切難道不該歸咎於祂嗎？

最後我還想到一件事，我在天主教教會中學到天堂是一個永恆的地方。我的意思是，一旦你進去了，就永遠待在那兒。但是撒但也應該在天堂呀！不是嗎？雖然祂摔了下來。所以你會不會認為人們即使進了天堂之後還會選擇罪惡？如果不是的話，那為什麼神不乾脆把我們都創造在天堂裡，省得每個人在地上痛苦度日？我仍然不懂神為什麼一定要冒這個我猜測的風險。

看來每個問題都會引出另外十個問題。葛雷格，你認為我們有進展嗎？我是不太在意啦！我的頭腦已經有幾十年不曾這麼轉過，我很喜歡這樣。

但是我怕你大概有點覺得煩了，如果你煩的話，我
會諒解的。

非常愛你的老爸
1989年6月6日

親愛的爸爸：

　　千萬不要覺得我對於你的問題會產生厭煩，我很喜歡我們之間的討論。即使我努力不懈，仍不能達成使你與神建立關係的目的，我仍然覺得我們的交談是值得花上這些時間與工夫的。這些都是題外話，因為我知道你遲早會信的，等著看吧！

　　回到你提出的問題。第一，我了解為什麼這些宇宙間的衝突會讓你覺得像是星際大戰的故事，我以前也有同感，然而，現在我知道一切都很合理。為什麼一個無形體的靈會比一個有形體的靈難以理解？人類（有形體的靈）的存在本身就是一件奇妙無比的事，如果像人這般有形體、有意識的可以存在，那麼為什麼無形體、有意識的不可能存在？我想你覺得這個說法很像科幻故事，是因為受制於人們所塑造出天使和魔鬼的形象，我所說的天使和魔鬼與那些形象完全沒有關係。

爸爸，你同不同意，我們對宇宙的認識越深，就越感到宇宙的陌生？分子物理所接觸的宇宙——亞原子領域——幾乎全是看不見的。不但看不見，甚至很難想像出質子、中子、電子及夸克的模樣，我們只能將它們的運動以數學公式來表達。事實上，許多現實的東西都是隱形的，例如：此時此刻就有許多聲音及音樂的無線電波正穿過我們的身體，除非打開收音機，我們就永遠聽不到。所以對我而言，世界上存在無形的靈並非無稽之談。

同樣的，對我而言，這些靈有善良的、有邪惡的也很合理。宇宙間既存在著有形的靈（人），當然也可能存在著無形的靈。

當然，除非有很好的理由，否則我也無法相信宇宙間存在著如此的靈。我承認在一個科學發達的社會裡，這是個很奇怪的信念，使我堅定相信的理由是：基督是神的兒子；以及聖經是神的話語（在我們通信的過程中，遲早會進入這個話題）。如果

這兩個權威都指出世界上的確有靈，而且我們都被靈所影響，那麼我既全然相信這兩個權威，理所當然也相信他們所說的靈。

剛才提到的權威——基督與聖經——是我信仰的根基，在談他們之前，我應該先回答你提出值得探討及有關信仰的問題，以下是我的答覆：

你問了一連串相關聯的好問題，我在這裡一併作答。據我看你的問題中心是：為什麼一個好的創造會選擇罪惡呢？這個問題其實才是隱藏在你所問到撒但的墮落、人的罪性以及有關天堂的事背後真正的問題。假使天堂中的居民都是完美無缺，從不犯錯，那麼神為何不從一開始就創造天堂呢？

以下是我的想法：還記得我們先前信中提過的，自由選擇是愛的先決條件嗎？換句話說，愛是必須被選擇的，愛的能力越大，罪惡的風險也就越大，這點是我們都同意的。

但是，以上的說法並不表示愛必須是一個永恆

不變的定律。一個人會被他所做的決定所塑造，我們對某些事的選擇越多，也就越被那些事牽引。塑造人格、個性的過程，就是我們所做的每一個決定；隨著每個決定的產生，我們就加速朝著那決定的方向邁進。我們對人的觀察及了解可以驗證這個說法。

　　我認識一個女人，是我所認識的人中最醜惡、尖酸、刻薄的，但是有人告訴我，她年輕時是個美麗可親又有趣的女孩。十九歲那年，在她結婚的前三天，她的未婚夫和她的妹妹背叛她私奔了，她的傷心和羞辱是可想而知的，這個悲劇使她選擇對她的妹妹及未婚夫採取一輩子憤恨不饒恕的心態。雖然她的妹妹對她感到萬分抱歉，在後來的五十多年中無數次嘗試著向她道歉、補償，但都未能改變她的心意。每一個不愛、不原諒的決定，都使她心中的尖酸刻薄更加深刻，她的仇恨終究將她的人生永遠染了色。她做決定的那股動力已無法扭轉方向，

06
神為什麼要創造撒但？

她只能順勢而行，無力改變初衷。神賜給她的天生美好已被她重複選擇的尖酸刻薄消耗殆盡，她最初的決定最後變成了她的本性。

我相信生命當中有許多方面都是如此，我們越選擇某些事情，就越不容易離開它。直到有一天，我們的決定根深蒂固的長存在我們心中，促使我們成型的動力變得無法阻擋。我們的決定塑造出我們的性格，而我們的性格又繞過頭來，越來越強烈的影響我們的決定。這些是在被創造的自由人身上必然的現象，我看不出有任何其他的可能。生命就像一團滾下山的雪球。

發生在罪惡上面的，同樣可以應用在愛上面。曾經，我必須選擇要不要愛我的妻子雪莉，同樣的她也可以選擇要不要愛我。那段時間是我們的「戀愛追求期」，又稱為「觀察期」。每當我們做出一個愛的選擇，我們必須做的下一個愛的選擇就簡單了些，選擇「不愛」的機會就越來越小。如今，雖

然我對她的愛仍是「自由選擇」，但愛她已成了我的天性，而且這愛的雪球越滾越大。愛必須始於自由，但愛的終極目標應是「不自由」。「不能不愛」是自由的愛的最高境界，這是為什麼神有絕對的自由，然而聖經上說祂「不能犯罪」；也因為神是永恆的，祂不需要「觀察期」的培養。

爸爸，在我看來，所有神創造並且與祂分享愛的人，都必須經過一個「觀察期」。在這段期間，他們自由選擇愛或不愛，所以他們不可能在「天堂」裡被創造。一旦選擇之後，依據他們的天性，需要不同的時期讓他們的選擇固定成型，這便是性格的「永恆化」，也就是聖經所指的「天堂」與「地獄」。

撒但，依照牠被創造時的潛力而言，原是神最偉大的創造之一。牠的偉大來自牠愛的潛能，但也代表牠有著無可限量的邪惡潛能。不同的路取決於最初的一個選擇。希特勒和德蕾莎修女的不同，也

是由最初的一個小決定形成的。

我的看法是，人性本善是當初神創造人類的原意。從聖經記載的亞當和夏娃，可見過去、現在和未來，我們都可發揮出無比的愛；同樣的，過去、現在和未來，我們也可發揮出無比的破壞性。大體上說，我們在善與惡之間抉擇。

爸爸，在結束前我要再說一次，「雪球效應」不單可以應用在個人身上，也可以應用在社會上，甚至全人類。我們眼睛看得到，聖經也清楚教導我們，人像個雪球，並且在錯誤的下坡滾了好一陣子了。你問我人怎麼走到如此亂糟糟的地步？原因就在此，不管是個人或社會，罪惡衍生罪惡，這是基督教神學中所指「罪惡的根源」。

爸爸，聖經的信息告訴我們，不管是個人或全人類，都已經偏離神最初創造我們的良善，靠我們自己或是彼此，無法與神，甚至與我們自己重修舊好，我們需要一個嶄新的開始，重新被造。福音書

上說這要藉著神賜給我們的耶穌；耶穌降世為人，又為人被釘死在十字架上，使人得以與神和好，並給我們一個嶄新的生命，一個與神同在的生命，只要我們願意相信，就可以得到這新生命。想要得到這豐盛、平安、喜樂的生命，唯一的方法就是白白的接受這個新生命禮物，也就是和基督建立關係。

爸爸，我永遠不會厭煩和你談我的信仰，因為我多麼盼望能看到你也和基督建立起關係，並享受這新的生命。

永遠愛你的
葛雷格
1989年6月18日

你的神是全能的嗎？

07

親愛的葛雷格：

　　我必須承認你真有本事把死的說成活的！我當然不想用更多的問題讓你無法招架。我不相信你說的那「宇宙戰爭」的事，不過我至少可以看得出一個人如何從理性的角度相信它。你那套我們如何用自己的決定來堅固自己的說法，好像是生命中的實情，對我這個七十歲的老人來說，它是一種相當駭人的想法，同時也回答了好人怎麼會變壞的問題。

每當我聽到罪犯的事情，常會想到罪犯似乎從小就做了使壞的決定，然而有些「聖徒」卻能出汙泥而不染，現在似乎說得通了。

但每次我聽到你提到自由意志時，就會對以下這個問題感到厭煩：我一直認為基督徒相信神是全能、無所不愛的。當你媽媽過世時，神父說這是「神奧祕的旨意」，真奧祕啊！我的感情完全崩潰，還要養活四個沒了媽的孩子，簡直令我束手無策。難道基督徒在面臨悲劇時，都會說：「神自有祂的目的」嗎？

不過，你似乎將所有罪惡的事都歸罪於壞人和魔鬼，那麼神要放在哪裡呢？只要祂放得進來，就不應該怪罪別人。如果你怪罪其他人的話，神就放不進來了，這樣一來，你的神好像什麼事都管不了！那所謂「值得信任的神」又算什麼呢？如果這個世界按照人的自由意志和一些魔鬼的意願還行得通的話，那相信神有什麼好處？你擁有的這位神對

什麼事都束手無策！萬一祂輸掉這場「宇宙戰爭」怎麼辦？

對我來說，似乎只有那位主宰一切的神才值得相信。然而一個掌控一切的神，絕不可能無所不愛，所以，這再一次說明祂不值得相信。這真是兩難啊！

我猜想你會有答案的，盼望你來信。

永遠愛你的老爸
1989年6月26日

親愛的爸爸：

現在才知道原來我在神學上的思考能力是來自你的遺傳！你真有透視問題和抓住問題重點的本領，你可能要像我一樣，當了神學教授才懂得珍惜這份難得的天賦。

爸爸，你問神是否是全能的？一切是否都在祂掌管中？相信祂有何好處？我將一一為你解說。

我的神是否是全能的？我的答案是「亦是亦否」，請聽我解釋。我相信神最初擁有所有的權柄，是全能的。在創世之前，神是唯一的存在，因此天下大權集祂一身，祂可做任何事，沒有任何力量能反對祂。

但當祂創造了有自由心思意志的人之後，我認為神就釋出了部分權力，換個較好的說法是，神將部分權力託付給人，人的自由就是神出借的掌控權。為了給予我們自由，神自願讓出祂的部分權

力，因而使祂自己喪失了「永遠依照祂旨意」的機會。我不認為有其他可行的方法，因為自由表示給予一個人空間，讓他決定要走的路，即使那條路與神的路背道而馳。神不可能全然掌控一切，但又允許人行使他們的支配權，因為神「借」給人的權力，祂自己不能再拿回。

然而，我們必須了解很重要的一點是，神完完全全自願放棄祂的控制權。如果說神的權力有極限的話，那個限制是神自訂的，並沒有任何外在的力量來限制祂。如果有神做不到的事，例如：除去這世上的某一罪害，那是因為神決定有時祂也無法改變祂所創造的世界。除非有外在的力量限制神，我們才能說神沒有至高無上的權力。因此，我的看法是，神的本質是全能的，但祂自願選擇不要全部的權力，因為祂的願望是創造出有能力愛人的人，所以祂必須給人自由，讓人有一些做選擇的權力。

是否一切都在神的掌管中呢？是不是每件事的

背後都有一個神聖的目的？我的看法還是「亦是亦否」，也請你再一次聽我解釋。

既然是神自己決定要將多少權力託付給人，由此來看，神仍然掌控一切。在歷史過程中，神決定我們自由空間的變數，因此，一切仍盡在神的掌管中。神絕不可能打輸這場「宇宙戰爭」，不管撒但有多大的威力，神創造世界來分享祂的愛的最終目的，絕不受威脅。

然而，神並不控制每一個人，因為每一個人都享有某種程度上的自由。因此，在神設定的範圍內，一個人可能意圖做出觸犯神原本旨意的事，如果一個人意圖做出傷害別人的事，我們無法在他做的事中找出「神的旨意」。當然，發生這樣的事是經由神允許的，因為神並沒有干涉，但是神之所以允許，是為了達到祂的最終目的，祂必須授予人自由的選擇權。我在先前的信中說過，這「自由」是無法予取予求的，「允許」和「促成」某事是截然

不同的兩回事。

　　我知道基督徒常在人為的悲劇發生後猜測「神的旨意」。今年貝索大學有一位女孩被酒醉的駕駛撞死，許多學生猜測神接她回天家的用意何在？但我覺得這只是因為對神的敬虔而產生的困惑，這女孩的死，要怪只能怪那酒醉的駕駛。神在這件事上的唯一用意是讓人為自己的行為負責任，讓人有權決定是否該喝酒及喝多少。

　　至於你最後的問題，如果神並不掌管一切，那麼相信祂有何好處？爸爸，這個問題討論起來長篇大論，可惜我的時間不夠，或許在未來的信中可以繼續討論。簡單的說，相信神有奇大無比的好處。從基督徒的觀點來看，生命最主要的部分，不是在地球上的這一段，而是下一段。我們肉體的生命只是暫時的，是一段「觀察期」，是永恆生命的前奏。如果從這個角度看神，在這段時間內放棄一些干涉權，來換取我們下一段生命能得到美好的永

恆，是明智的決定。如果沒有下一段永不止息的生命，那麼生命就極其悲哀了。換句話說，既然神掌管宇宙大事，相信神就是相信神所代表的一切——愛、真理、公義、和平等等——將贏得最後勝利。我們的道德行為總有一天會得到回報。如果永生不是真的，那我們的道德觀就站不住腳，而且毫無意義了。在「觀察期」間，可能有人會對我們做出神無法掌控的惡行，但是如果我們將自己交託給神，在祂的掌控之下，掌握我們生命最後結論的絕不會是罪惡。

爸爸，另一件事就是，相信基督是我們的救主，能使一個人得到神原先要給他的豐盛生命，讓福分滿溢到世上的罪惡都碰他不得。使徒保羅說：「誰能使我們與基督的愛隔絕呢？」（羅馬書八章35節）保羅的意思是，即使死亡也不能使我們與基督隔絕。基督讓我們在這現實的社會中有自由，但是如果我們願意接納祂進到心中，祂將是一個完

全的主。

最後，雖然神賜給人及其他的靈許多自由，但祂還有許多未放棄的權柄。在我們的「觀察期」間，即使祂決定不使用所有的能力，祂的權柄仍是無人可比。神仍用祂的影響力統治世界，因為唯有祂知道，若沒有祂永不止息、神聖的影響力，這世界會變成什麼模樣。

希望你滿意我的回答。恭喜你有神學上的敏銳感，請你繼續發揮吧！

滿懷希望並愛你的兒子
葛雷格
1989 年 7 月 5 日

為什麼首先要相信神？

親愛的葛雷格：

　　抱歉我拖了一陣子才回信給你，因為我身為金士伍德莊園屋主協會的會長，近來雜務纏身。加上你上封信又很深奧（你對我越來越哲學了！），著實讓我花了不少工夫消化。「亦是亦否」的解答，聽起來還真像個神學家！

　　來個協議吧！葛雷格，對於我的所有問題，你都給了非常好的答案，而我也承認在某種程度上，

你已經剷除了我不信基督教的神的障礙，不過我開始覺得這有點像是一場遊戲。你有各式各樣的理由為神解套，那些理由也令人印象深刻；但在我看來，所有那些聲稱相信有一位無所不愛的神的人，都背負了一個包袱——他們必須證明真有那位神的存在！如果你必須靠這一切神學上的操練才能保住你的信仰，那麼你的信仰很可能是錯的！如果神真的存在，祂為什麼不能更明顯一點？我可以編出上千個理由來解釋為什麼我們從未看過月球上的人，但遲早總會有一個人質疑，也許月球上根本就沒有人。

因此，我可以了解為什麼你的說法能夠說動一個已經相信那位全能的神的人，只是我還沒到那個地步。我一直傾向於相信在每件事情背後一定存在一個所謂的「超能力」，但無論從哪一種觀點來看，我都看不出有任何證據顯示這個「超能力」是一個全能的人。事實上，我看不出我們怎麼能聲稱

自己對它有任何的了解，也許我們應該先處理這個
問題。不過我以前就告訴過你，我沒有任何正面的
宗教信仰，只是想到什麼問題就提出來。

所以，問題交給你了，等待你的回音。

非常愛你的老爸
1989 年 8 月 4 日

親愛的爸爸：

我們在過去的幾個星期中參加了幾次賽跑。顯然女兒們都遺傳到博德家的好體力，蒂娜兩度在十二歲以下的八百公尺賽跑中奪冠，雅麗莎在同樣的競賽中得到第三名，她們一心要打敗那些比她們年長的男孩。甚至連完全不知道賽跑是怎麼回事的奈森也參加了，他想像自己是超人，將雙手直伸向前跑完全程。真盼望你也在場，你一定會很開心。

看來，我們的討論已經進入神學的重心，為何要相信神？爸爸，我有許多理由。這些理由有的來自理性，有的來自靈性，有些牽扯到非常複雜的哲學邏輯，也有些是憑我的直覺。我想可把它們歸納稱為人性的論點，因為這個論點是從人性的角度來論證這位人性化的神。我將論點摘要下來與你分享，也盡量少用專門術語。

我的基本理由是人類是有人性的，是指我們有

一個自覺、理性的心思意念，以及一顆自由又能愛人的心，因此人有道德責任感，人的靈命渴望著人生的意義。自覺、理性、愛、道德感及生命意義是一個完整的人性應該有的本質。

我們目前面臨的難題是：我們存在的大環境是否能夠包容以上的人性本質？這世界是否能夠理解人性本質，並給予回應？也就是說世界與人性是否和諧？舉例來說，我們餓了有食物吃；我們渴了有水喝；我們有性慾，世間就有兩性；所以我們可以說世界與我們生理需要的渴、餓及性慾是和諧的。生存在這世界上，我們可以理解為何會渴、餓、有性慾，而世界也回應、滿足了我們的生理需要。這點並不難理解，對嗎？

那麼接下來的問題是，世界是否也回應了剛才提到的人性本質呢？我認為除非這世界也是人性化的，除非環境也是自覺、理性、有愛、有道德、有意義的，否則它就無法回應人性的本質；換句話

說，除非神存在我們之間，否則人類只是大自然中一個荒謬、殘酷的偶發事件，因為對人類有重大意義的本質在宇宙間並不存在。從某一方面來看，這表示人類的存在是無法解釋的，否則，如此殘酷的大自然怎麼會演化出與它一點也不搭調的人類？由另一方面來看，人類的存在是很悲哀的，我們只不過是宇宙間一個殘酷的玩笑！

舉例來說，我們的直覺會假設現實應該是理性的，推理可以使我們更接近事情的真相，科學似乎也驗證這假設是真實的。然而，除非神存在，否則大自然是難以理解的。

我們的直覺也假設愛是真實的，認為愛是個值得為它活，甚至為它死的理想。但是，除非神存在，這世界只有冷漠沒有愛，也只有不帶感情的化學作用。因此，我們的理想變成了荷爾蒙的反應。

我們的直覺又假設道德感是配合現實的，當然也有人認為道德感因人而異，但如果我們做出傷害

他們的事，他們的道德感就會立時改觀。

我們的直覺又假設人類渴望有生命意義及目的，你可從周遭人的作為看出，我們努力的往生命中輸入一些重要性及意義。然而，如果我們的世界是沒有意義、沒有目標的，則我們所做的、所信的、所努力的都只不過是「風中的塵埃」，當我們離去後，我們是否存在過，或會不會再存在都無關緊要了。最終，任何事都變得沒有意義。

所以，創造生命的源頭起碼必須像人一樣有人性，否則我認為人的存在是既殘酷又難以理解的事。也許我的論點過於精簡，因為我擔心說得太多會適得其反。希望你能讓我知道你的看法，或許從你的問題中可以帶出我的論點的細微差別。

爸爸，好好照顧自己，我愛你！

葛雷格
1989 年 8 月 21 日

這一切難道不可能全是巧合嗎？

信心的跳躍——懷疑論父親與神學教授兒子的30封真實心靈書信

親愛的葛雷格：

　　前些天能在電話中和你談談真好，再告訴你一次，我真的很高興聽到孩子們喜歡那些運動。我實在很希望自己也能參與其中，如果我有多餘的錢，那就不成問題了，不過這就是人生。

　　關於你「人類學的熱烈討論」，我也許誤解了你的意思，不過，我真的不太了解你的觀點。聽起來好像你認為非得有一位神存在，否則人生就糟透

了。但是，人生本來就糟透了，所以我雖然同意我們當中可能有一部分人希望有個慈愛的「天父」（這也許是一種自我安慰的想法），卻看不出這比癡心妄想好到哪裡去。

你又說除非有一個人創造了我們，否則難以解釋人類的存在。難道我們的出現不可能是意外造成的嗎？那不正是生物學家告訴我們的？演化論不是說我們的心智和道德只是我們生存驅力的一部分嗎？雖然連我自己都不能確定演化論的想法，但它仍是另一個解釋。

不過我還是要說，我不否認在宇宙背後的確有某種比我們大的力量。我常認為宇宙中有太多太多的設計，不可能全是巧合，這個世界真的不像突然冒出來的，可是我就是不明白你怎麼能確定對這股力量而言，人類就像聖經中所說的那樣重要。也許我們只不過是整場演出的副產品而已。宇宙畢竟是一個非常大的地方，我們的地球只不過是宇宙沙灘

裡的一粒沙子。我的詩就到此為止吧！

　　繼續跑步與寫信。我認為你的信很能激發思考，每回我寫信給你都要反覆讀上好幾遍。

永遠愛你的老爸
1989年9月15日

親愛的爸爸：

你說你相信萬物的起因必有一股「力量」，我想請問，你覺得那是股什麼樣的力量？既然凡事的「果」不可能比「因」大，那麼人類（果）有人性豈不表示那股「因」的力量也有人性嗎？

如果演化論是對的，它可以幫助我們從生物方面猜測人從哪裡來，但是一個更基本的問題是，演化論又是如何產生這樣的結果？世界上有什麼終極力量能使演化論有它的特性？我想問的是關於整個過程的本身，這是一個極為深奧的問題，科學並沒有解答。

簡單的說，我的論點是過程的本身不可能只是偶然。我們的思想能夠了解現實世界的唯一可能，就是我們相信現實的世界也有類似人的思想；也就是說，我們已預先假定人的思想和現實有雷同之處。科學也是如此假設，愛因斯坦稱之為宇宙間

「不可理解的理解」。例如：愛因斯坦用數學公式來表達的相對論，如何能與現實世界吻合呢？相對論後來在實驗上得到證明，它的成功表示現實中包含了愛因斯坦導出的數學架構。愛因斯坦並沒有將他的理論加諸於現實，他只是發現這個理論的人，在愛因斯坦聰明的頭腦發現相對論之前，這世界就已經有一個類似他但比他聰明無數倍的頭腦設計出相對論。

但是爸爸，偶然並不能產生數學公式，也不能製造出能夠理解、導引數學公式的頭腦。如果我們的思想僅是「化學反應」的話，那麼我們發現的真理也只不過是一個殘酷的化學作用，真理不再是真理，而變得毫無意義。這樣一來，所有的化學反應，不管它們多麼複雜，看來都是相同的，愛因斯坦研究出的相對論也只不過是個複雜的化學反應。

然而，為什麼相對論是對的？相對論數學公式的成功，以及所有科學的成功，驗證了我們對於思

想的直覺假設：人的思想和現實符合。人的思想絕不僅是一連串的化學反應，它有理性，可以了解這現實的世界，因為世界也是有思想的。但是，如果沒有理性的思想就不可能有理性的世界，所以這世界就不可能只是個偶發事件，世界的後面必定有一個理性的思想。因此，你相信的「力量」必定是有理性的。

同樣的道理可以應用在道德上。如果道德只是個偶然的結果，是某種靈長目的動物賴以求生的，那麼道德就沒有客觀的標準，道德不再代表事情應該如何，它只代表一種演化論下的偶然產物——人類的感覺。

你提到希特勒屠殺六百萬猶太人，也提到那個瘋子殘殺無辜的女孩，覺得是罪大惡極的事，你不喜歡這種感覺，但你難道沒有假設這些殘暴的事違反天理嗎？你難道沒有假設世間有一個道德規範，而這些殺人凶手違反了那個道德規範？

09
這一切難道不可能全是巧合嗎？

既然是偶然的化學反應，沒有道德觀也沒有理性可言，「果」不可能比「因」大，那麼人有道德觀、有理性不正表示創造世界的那股力量必然更道德、更明理嗎？

這股力量看來越來越有人性了。

同樣的道理也可應用在自覺上。我們有自知之明、有意識，所以我們是自由的。至於偶發的化學作用，無論它多麼複雜，可能是自由的嗎？愛是如此，生命意義也是如此。

當我說到一個人處在非人性的大環境中是多麼不幸時，我不是為了你說神是我的妄想，而要證明祂的存在，是根據我們對這世界的認知來看問題。如果我們假設大自然能創造出有渴望的人，卻不能滿足他們的願望，那麼我們的認知和假設多麼不協調！這如同假設「果」超越了「因」，這個假設是大錯特錯。假如世界不像我們一樣有人性，我們就如出水之魚，雖然我們會迫切的需要水，然而水卻

不存在。這樣的事怎麼會發生？我們怎麼可能渴慕一件過去不曾存在、現在不存在、未來也不會存在的事物？

我的重點是，人性的本質及渴慕，必定源自於一位有人性的創造者，這是你認同的那股「力量」唯一的合理假設。

爸爸，我想說的最後一件事，是我為何會信神。我深信我所提的人性論點及許多其他的論點是有根據又合理的，但是我對神的信仰不僅是一個理論，我的信仰是一個關係。

當我信神時，我同時也相信基督為我做的犧牲，是唯一能使我與那「道德力量」和好的方法。總有一天，我必須面對這個「道德力量」。我也從信仰的經歷中發現人的渴望是有答案的，我曾是一條快要枯乾的魚，透過信仰發現這個世界原來真的有水，而且是解渴、清新、甘美的水。相信神不僅得到了理論的解釋，更是生命的渴望被滿足。爸

爸，盼望有一天你不但同意我的理論，更願意分享你與神的關係。期盼你的回信。

愛你的兒子
葛雷格
1989 年 9 月 25 日

信心的跳躍──懷疑論父親與神學教授兒子的 **30** 封真實心靈書信

為什麼神
不救你媽媽的命？

親愛的葛雷格：

　　我不得不稱讚你，你那個辯解真有說服力。我從來沒有聽過你說的那種論調，那是不是你發明出來的講法？我們人格的特性一定有個出處、有個根源，我覺得你這整套見解蠻有道理，尤其你那套道德和理性的講法最有說服力。

　　所以，我所說的「力量」是有人格特性的。不過，我不太確定我們之間的落差有多少。葛雷格，

因為我不明白神有什麼樣的特性，是否有差別？看來祂還是不怎麼在意我們！如果祂本人對你我沒什麼興趣的話，相信這位具有人性的神又有什麼好處呢？我並不是想做徒勞無功的事，但如果祂本身像你們這些重生的基督徒所說的那樣關心我們人類的話，我還是不明白祂怎麼可能讓我們一路沉淪，而且沉淪這麼久。

想想看，只要幹掉希特勒就可以拯救那些猶太孩子，你知道這對神來說有多容易嗎？祂為什麼不在希特勒出生前就讓這狗娘養的墮胎了事呢？不然在他小時候讓他得個絕症也行啊！這些事他媽的一天到晚發生，為什麼不發生在他身上呢？

我對宗教還有個一直搞不懂的地方：禱告。如果神關心我們，正如你所說的，我們應該可以跟祂說話。但是祂會不會聽呢？我看不見得。你想想看，二次大戰納粹屠殺猶太人的時候，有好幾百萬的猶太父母拼命向神禱告呢！結果，神卻一聲不

吭。那時神本身的關懷在哪裡？聖經說祂能分開紅海，拯救猶太人脫離埃及人，可是這回祂好像還有其他更緊迫的問題要辦。

所以，如果神真是關心我們的話，為什麼禱告一點用都沒有呢？我想不起在我這輩子裡有哪一個人的禱告真的得到回應。湯尼常說里歐娜和奶奶瑞芝是「有能力的祈禱者」，我可是一直懷疑有什麼東西會讓她們「有能力」，因為她們的禱告在我看來實在無力。里歐娜總是禱告到她的膝蓋不聽使喚，而我總覺得神注意到她、回應她禱告的成功率簡直和碰運氣差不多。

你的母親臨終時，我們禱告到臉色發青，連你們這些孩子都禱告了。或許神不理會有罪的大人的禱告，但祂總該聽到你們這些孩子的哭泣吧！結果呢？你們反而嚐到了沒母親的滋味，從此開始一段不幸的經歷，這些你自己再清楚不過了。如果神親自關心我們的話，祂就會救你媽媽的命，也會免除

我們極大的痛苦。

　　我想你可以用你那套宇宙戰爭的理論來解釋這一點，但是看來最簡單的結論是祂屁都沒給。不管祂個人在這宇宙中打算做什麼，我看不出那會跟我們這小小的地球扯上什麼關係。

　　這些問題都留給你了，有話直說無妨。

全心全意愛你的老爸
1989 年 10 月 18 日

信心的跳躍——懷疑論父親與神學教授兒子的 **30** 封真實心靈書信

親愛的爸爸：

真感激你上封信中的真誠，那是一封發自內心的來信，我也將回報你一封發自內心的回信。

我認為盡量多了解神和我們的世界是一件很重要的事，但是會有那麼一天，我們的了解到了盡頭，仍然無法深入回答那些困擾著我們的問題。譬如一個人在德勒斯登（德國東南部城市）轟炸中失去了他的妻子，我們可能有很理智的理由解釋為何要在德勒斯登投炸彈，但再好的理由也不能平息這個人喪失妻子、他的孩子失去母親的憤怒！爸爸，我知道你也處在同樣的心境中。

我能說什麼呢？我只能說在我的內心，我也常常問神，為什麼母親那麼早死呢？我也像你一樣，從來沒有得到答案，我也像你一樣感到憤怒。但是神沒有因此生我的氣，我們的憤怒是真情流露，而神喜愛真誠。

和其他孩子一樣，我在成長的過程中也渴望得著無條件的愛及母親的接納，但我得不到滿足；你知道，孩子有時會從繼母身上得到相反的訊息。我一向知道你愛我，也記得每當你在家時，我總覺得有安全感，但你必須經常出差，使得你多數時間不在家。回想起來，我看到自己成長過程中有著被遺棄的痛楚。孩童時期由於不能承擔這痛楚，所以把它鎖在內心深處，直到我成年以後才完全感受到這份椎心之痛。

當我成為基督徒三年之後，大約在二十歲那年，我接受了比回答「為什麼」更重要的事——我被神醫治了，直到現在我仍在接受祂的醫治。通常在我禱告時，許多兒時的回憶會重現腦海，有些回憶令我非常痛苦，主用祂的愛與醫治幫助我，使我現在能健康的面對痛苦。

小時候的許多事對我的自尊心造成負面的打擊，例如：繼母異常的處罰方式。主讓我親身經歷

到在祂眼中我是多麼的珍貴，多麼值得愛；在我覺得被遺棄的事上，主對我說：「我總不撇下你，也不丟棄你」；在我需要卻從沒得到的無條件母愛上，主說：「讓我做你的母親」，並且祂做到了！在我們受苦時，基督不是我們的敵人，祂為我們治療傷痛。

耶穌的確醫治了我的傷口，我的心靈充滿了耶穌無條件的愛，祂那無條件的愛是我的靈魂唯一的生命泉源，也是我的傷口唯一的特效藥。再明智的答案都無法解決我的問題，但基督用祂的美善贏得我的信任。祂的美是愛、高貴、溫柔，又有力量，世上無人可以匹敵。祂對我的同情眼光，以及溫暖、諒解的懷抱，贏得我的愛與信任。祂使我的心明瞭理性意念永遠無法理解的，這也是為什麼聖經說神賜給信祂的人「出人意外的平安」。

爸爸，我親身體驗到在我們痛苦時，耶穌與我們一起痛苦，那是祂醫治我們痛苦的方法。在新約

聖經中祂有一個名字叫「以馬內利」，意思是「神與我們同在」；不論我們沉淪到多麼低落的地步，祂都與我們同在。祂在谷底等著我們，祂不是在遙遠的星球無動於衷的看著我們受苦受難，祂總是與我們一起走過苦難。

　　你可能還記得我大一時曾有很長一段時間懷疑基督的真理，當時我最大的問題就是我們曾討論過的罪惡。我在兩個極端的信念中掙扎：這世界之美，設計之複雜精細，以及它的人性化，使我相信必有一位神；然而，我想到世界上許多人正遭受苦難的煎熬，又使我認為神不存在。一個寒冷的二月天晚上，從明尼蘇達大學天文學實驗課下課後，走回家的路上，我想著幾分鐘前才看到的壯麗星空，就對自己說：「必有一位神」，但又想起奧斯威辛夢魘般的苦難，禁不住又說：「必沒有神」。這兩個念頭在心中爭戰，讓我感到無比煩惱。

　　最後，當我快走到停車的地方時，我抬起頭望

著天空，發出了憤怒的吶喊：「我唯一願意相信的神，應該是最能體會那被活埋的猶太孩子以及眼見孩子被活埋的猶太媽媽感受的神！」或許是神的啟示，在那一瞬間，我想起基督教所宣稱的這位神。沒有任何其他的信仰有同樣的宣稱，只有福音書敢宣告神出生在一個卑微、骯髒的馬槽中；祂一生都與別人不願為友的妓女和痲瘋病人做朋友；祂親身感受人世間如地獄夢魘的苦難。只有福音書中描繪的神，才能解釋這世界既美麗又醜惡的矛盾。

爸爸，我想說的是，我不知道為什麼神沒有回應我們為媽媽的禱告。我知道的是，如果不是因為人犯了罪，如果不是因為我們捲入這場心靈的戰爭，就不會有這麼痛苦的事發生。但是比解釋答案更重要的是了解神與你、與我、與媽媽在整個過程中一起受苦，祂也在哭泣。祂藉著親身參與我們的苦難來彌補我們。祂要為你、為我、為所有有關的人施行醫治，祂容易傷痛，但那正是祂醫治的力

量，祂已經在醫治我的生命了，祂也可以醫治你的生命。

如果你能在腦海中畫出耶穌美好的形象，祂將贏得你以理智永遠無法得到的愛。

再一次謝謝你的真誠。

滿懷愛與希望的
葛雷格
1989 年 11 月 23 日

作者註：父親和繼母在一九七〇年離婚，珍妮是我的第二任繼母。

11

全能的神為什麼需要我們的禱告？

親愛的葛雷格：

　　我相信你們一家已經進入聖誕節的氣氛了，家裡有三個小孩很難沒有節期的味道。我還記得你們小時候那些個聖誕節早晨的情景，真是美好的回憶，沒有什麼東西可以和它們相比。恐怕你不知道我多麼希望在每年的這個時候上去和你們團聚。「我夢想有一個白色的聖誕」——在這攝氏二十七度的佛羅里達州！告訴小傢伙們他們的禮物已經在

路上了。

　　好了，葛雷格，坦白說，看了你上封來信，我實在不知道該怎麼辦。我太欣賞你「帶種的」誠實。我必須承認，看到信心在你身上的作為，我相當感動。我奇怪的是，如果你的觀點就是基督徒的觀點，為什麼我從來都沒聽過呢？我認為大多數的人一想到神，就會想到在雲端既惡劣又強勁、滿嘴鬍子的老傢伙，而你描述得好像是另一個版本。但是你的觀點怎麼搭得上聖經裡的故事呢？神毀滅所多瑪和蛾摩拉城裡所有的人，祂把迦南人全宰了，祂使洪水淹沒整個地球，從這些故事來看，神是惡劣的這個觀點似乎比較正確。

　　無論如何，我喜歡你的觀點，不過，我就是不能分享你的信心。我有太多的問題，不要又搞得太「學術」；但如果你願意的話，我還想再聊聊禱告這個問題。

　　就像我說過的，我從來沒見過禱告有效。非但

如此，我也看不出禱告怎麼可能有效。既然神是全善、全能並關心我們的，難道祂不希望把最好的給我們嗎？難道祂不是已經為我們做好一切祂可以做到的事嗎？那你在禱告裡還要求什麼？要祂更關心嗎？祂應該已經盡祂所能的關心了。你要祂再多做一點嗎？祂應該已經盡祂所能的做每一件事了。你是不是要知會祂一些問題，好讓祂處理呢？祂應該早已知道所有的事情了。所以，你不能通知祂任何事情，你不能誘哄祂做任何事情，你也不能授權祂做任何事情。那你禱告的時候究竟在搞什麼鬼啊？對我來說，禱告看起來不過是浪費時間罷了！

　　期待你的回信。祝聖誕快樂！轉達我對雪莉以及孩子們的愛。

永遠愛你的老爸
1989 年 12 月 15 日

親愛的爸爸：

　　謝謝你的來信，希望你和珍妮的聖誕節過得很愉快。我們的聖誕節多采多姿，但也有蠻大的壓力，因為不少親戚住在附近，孩子們一天之內慶祝了四次聖誕節，收了四份禮物。你上封信中說得對，孩子可以為聖誕節增添許多魅力，多費些工夫，甚至多花些錢在他們身上是值得的。

　　關於你問的禱告問題，禱告其實就是和神說話。和神說話的主要目的並不是向祂提出請求，而是與那位創造我們、為我們贖罪的神建立一個有愛、充滿信心的關係。如果每次我和雪莉的對話都只是互相提出要求，我懷疑我們之間會有什麼樣的關係？關係應該不會太好吧；和神的關係也是如此。禱告的主要功能是和你所愛的神在一起，和祂說話，聽祂說話，或僅是和創造你的那位談談心。

　　當我禱告的時候，常在腦中構想出一個耶穌的

形象，讓祂說出祂要告訴我的話、我需要聽的事。我讓祂提醒我，因為祂在髑髏地為我做的事，使我知道我在祂心目中是有價值、是值得愛的。祂讓我經歷到祂的愛並看到我的價值，我讓祂修補我成長過程中留下的負面痕跡，讓祂療癒我的記憶。在基督裡靈命的成長，就是靠著從內心得到療癒以及從神的愛中得到安息。

我把向神的請求稱之為「請願的禱告」，這只是與神關係中的一小部分，這一部分也不是要告知神或授權給祂。你說得對，祂已是最美好、最了解、最關心、最有權力的神，但是在祂的計畫中，我們與祂之間愛的關係最重要，祂安排事情的先後順序，也以促進這愛的關係為首要，所以祂決定有些事必須通過禱告來完成。

正因神將愛看得最重要，因此祂讓我們在世界上也有發言的機會。如果祂創造的最終目標是愛，那麼祂必須創造出有自主決定權的人，這點我們已

經討論過。所以神賜給我們自主決定權，讓我們有能力決定某些事情的結果，讓我們在世界的小角落裡有發言權。

我相信一個真正的關係要彼此之間有互動，雙方各有取捨；換句話說，一個真正的關係需要雙方在某種程度上互相授權給對方。人與神的關係，以及人與人之間的關係都是一樣的。神不願意只做唯一的決定。一個獨斷者，即使是神，也會粉碎其他人的人性。因此，神決定在我們與祂的關係中，授予部分權力給我們。並不是祂需要這麼做，而是祂願意這麼做，祂決定讓我們對祂在某些事情上產生影響力。在我看來，請願的禱告就是人向神施展影響力的主要方法。

我想我回答了你的問題中關於禱告功能的部分，但老實說，我還沒有回答關於你認為禱告沒有任何效用的問題，讓我做幾點說明：

第一：爸爸，我認為在複雜的現實中要測試禱

告的功效幾乎是不可能的。我知道有一些在醫院測量禱告效果的實驗，結論是禱告和痊癒之間有正面的關聯。雖然我對這些實驗很好奇，但我懷疑這個結論對不相信禱告的人能產生任何說服力。現實世界實在有太多的變數，一個有回應的禱告可能會被歸功於巧合，而一個沒有回應的禱告也不見得沒有合理的解釋。

如果請願的禱告都能被確定的「證實」，神就變成了一個宇宙級的自動販賣機。任何請求，只要向神提出，按個按鈕，胡言亂語一番，願望便已達成。這樣做就失去了禱告的原意，禱告是為了幫助我們和神建立一個充滿信心的關係，禱告要憑信心，要看見神的回應也要憑信心。

第二：我再重複一次，當禱告得不到回應時，最重要的是知道神永遠站在你這邊，這點遠比知道為何禱告沒有得到回應來得重要。舉一個例子，假設在法國諾曼第海灘有一間被美軍占領的小屋，住

在小屋裡的是美軍負責登陸總指揮官的兒子、媳婦及孫兒們。在諾曼第登陸那天，小屋受到激烈戰事的兩面夾攻，處境危急。我們再假設屋中有無線電可直通正在作戰的總指揮官，他們告訴總指揮官，在飽受敵軍及美軍的戰火攻擊之下，有人受傷需要補給品、食物等等。

總指揮官當然非常關心他的家人，他希望能應允他們的每一項請求。然而，一場大戰正在進行，成千上萬條人命需要考慮，而且這場戰役的結果將對整場戰爭有決定性的影響，所以總指揮官只能視戰情及戰略的狀況，決定是否應允家人的請求。

小屋中的不幸家庭並沒有寬廣的視野，看不見戰爭發展的情況，也不知道總指揮官的戰略及需要考量的因素。他們只知道總指揮官應該站在他們這邊，他們的請求有時被准許，有時又不准，他們完全不懂總指揮官怎麼做決定，原因就在於他們看不到整個戰爭的全貌，他們的視野僅限於屋裡小窗子

所能看到的，因此，他們甚至會提出對自己不利的請求而不自知。

　　這個比喻很像現今我們和神的關係。無疑的，神在每一刻與世界的互動都有億萬個變數。祂需要考量祂對人、對世界的宏觀；祂需要給予人相當程度的自由；祂也需要考量祂對每個人的個別計畫。祂的考量因素更包括了各式各樣牽扯的力量，有美好的，也有邪惡的；祂需要考量祂的全盤戰略；祂還需要考量我們的禱告會給世界帶來什麼樣的後果等等。而我們對這一切卻又一無所知，我們的視野極其狹窄，和小屋中的家庭對他們不幸捲入戰爭的了解程度比起來，我們對於身在其中的宇宙戰爭的了解程度更是微乎其微。

　　事實上，我們只需要知道一件事：我們的總指揮官是愛我們的，祂要我們擁有最好的，祂站在我們這一邊，祂聽到我們的請求，也被我們的請求打動。如果可能的話，祂一定會促成我們的好事，避

免我們的痛苦。但是在戰場上，為要維護愛及自由的最高前提，並不是每件事都能如我們所願。

為什麼神沒有寬待媽媽？老實說，除了根據我的一般觀察，知道這世界因為宇宙戰爭已經糟到一敗塗地之外，我一無所知。但有一天我會知道答案。雖然，我們現在好像是透過一層深色玻璃觀看一切，看得並不清楚，但我相信我們還是看得到神考量我們的請求，我們要繼續相信聽禱告的總指揮官是良善又有智慧的。這點比知道為什麼媽媽和我們都受苦來得更重要，更有療癒力。

希望我回答了你的問題。爸爸，我鼓勵你開始和神說話，即使你只是表達對祂的憤怒及失望，也不會得罪祂，聖經中就有無數那樣的禱告。如果祂會因此生氣，那些禱告就不會在聖經中出現了。這種憤怒、埋怨的禱告可以幫助你治癒生命的傷痛。既然你已相信神是具有人性的，你就必須相信最起碼祂聽得到你所說的，和祂的任何溝通都是與祂建

立關係的開始。

希望很快聽到你的回音。

滿懷希望和愛的
葛雷格

1989年12月28日

12

為什麼神會在意我們這些渺小的人類？

親愛的葛雷格：

上週和你通電話聊得很愉快。

再一次謝謝你們送給珍妮和我那麼窩心的卡片和花。希望雅麗莎的感冒已經好了，你們在北方已度過讓人受不了的一月天了，到底什麼時侯你們才會開竅，願意搬到一個不必大半年都穿十七層衣服的地方？

我呢？就像我在電話中告訴你的，你那有關禱

告的說法對我而言開始有點道理了。不過就像我說的，如果全能的神能偶爾顯示祂聽到我們的禱告，讓禱告對事情有正面效果的話，應該會有助於祂設立禱告的目的。我能體會祂不希望成為一位「宇宙的自動販賣機」，但我認為反過來說，祂就錯了！下回你和祂談話的時候，把我的牢騷告訴祂。

不管怎樣，一想到我們不是祂所做的一切事的重點，甚至一點也不重要，我就很難接受與神說話這種想法。我同意在創造背後的強大力量具有人性，但我還是不能信服這和我們有什麼關係。你所謂祂的「工作事項」似乎是宇宙中其他的東西，在我看來我們只不過是整件事中意外的部分。

你說了一大堆有關神為我們受苦的事，但是為什麼神要像你說的那樣，為我們這些微不足道的受造物受苦呢？我能了解為什麼中世紀時的人會相信這些，因為當時他們認為地球是一切的中心，可是如今我們知道地球只是一個相當小的銀河系裡的一

個相當小的太陽系中的一個微不足道的小行星，而這銀河系則座落在無法想像的大宇宙中的一個小角落裡。所以和我們有什麼關係呢？難道我們不能說祂對整個宇宙有一個計畫，而我們卻不在計畫中嗎？有什麼東西可以顯示我們是那麼重要或者起碼有一點兒重要呢？

我心裡還有些疑問，但要過些日子再問你。這就是目前所有的問題了。

非常愛你的老爸
1990 年 1 月 14 日

信心的跳躍——懷疑論父親與神學教授兒子的 **30** 封真實心靈書信

親愛的爸爸：

　　你還卡在「人類在整個宇宙間太渺小，所以不夠重要」的觀念上面。爸爸，我認為你還受困於一個很普遍的假設──「小」等於「不重要」。常有人因為我們的形體和整個宇宙比起來微不足道，就認為我們在精神世界中也是微不足道。

　　你為什麼會這樣想呢？我們可能因為大象比新生嬰兒大，所以覺得大象比較重要嗎？木星比地球大一百倍，難道它就比地球重要嗎？尺寸的大小和重要性的大小之間實在沒什麼關係。

　　如果有任何關係的話，神的特質正因我們的微小而更顯明。我們都讚賞一個有錢國王愛上一位小村女而放棄一切的行為，神的愛不也正因為我們的渺小而更彰顯祂的偉大嗎？當愛與被愛之間的身分懸殊時，會更顯出那愛人者的天性。由此看來，神的愛是屬於無窮盡的，或許這也是祂將我們創造成

如此之小的原因。

　　但我想從另一個角度來看你的立場，我覺得你對神的信念有些不連貫的地方。你同意神有「人性」，但不同意祂在乎我們；你同意我們之所以擁有道德觀、愛心、理性等人性特徵，唯一合理的解釋就是我們的創造者是人性化的；但你又說人類在神創造萬物的過程中，可能是出自意外的巧合。

　　先前我們認定人性的特徵不可能是在偶然機會之下產生，所以才斷定有一位人性化的創造者存在，你看到矛盾的地方嗎？

　　讓我問一些不同的問題吧。我們不完美的人性，不正可以推衍出「完美人性」的存在嗎？就像我們所以知道我們的道德觀不完美，就是因為有個完美的標準存在；我們的知識與推理能力不完美，就是因為有位無所不知者存在，不然我們怎會知道自己不完美？如果我們的創造者沒有完美的道德，不知所有事，那麼祂的不完美是從哪裡衡量出來

的？所以我說創造者的定義就是「完美」。從定義來看，沒有人能高過創造者。

以上所說的重點是，如果不完美的人類尚且會為這世界上不公義的事憤怒，難道我們的創造者不會更加憤怒嗎？對於那些在世上受苦難的人，我們會出於愛心及正義感為他們難過，難道神不也是傷心透頂嗎？如果不是的話，那麼祂的愛心、正義感就不如我們了。果真如此，豈不是果（人）大於因（神）嗎？那是不可能的事！

宇宙之浩瀚與我們之渺小，對神的愛及關心而言，絕不成問題，除非祂本身也是被造的（果）。因為神是創造一切的主宰，祂的愛與關心是完美、無止境的，在宇宙間不論還有多少東西需要祂的愛與關心（就我所知可能多得很！），祂都會有多餘的時間、精神給我們這些「小」人物。

因此我不覺得神會因我們的渺小而不關愛我們，這個認知對自我了解有著重大意義。爸爸，神

知道你比你知道自己還多，神愛你比你愛自己還多。同樣的，神關心你的痛苦及道德感比你關心自己還多。

此外，我們應該問，神要和我們建立什麼樣的關係？祂對我們的生命有何目的？祂要我們做什麼？我們對祂了解多少？祂是否曾向我們啟示過？當我們知道神親自參與了我們的生命時，這些問題自然就會產生了。

我相當堅持，歷史所證明的就是我們推論出來的真理。神的愛及關心，不只是從推理上證明有其必要，更有歷史上的驗證。就如：我們如何能夠更認識神？答案是透過歷史上的耶穌基督這個人就可更認識祂。我們會發現每一件我們推理出來有關神的結論，都可從耶穌基督身上得到確認。

如果神是完美的、愛人的、關心人的，那麼我們可以假設祂也希望自己所創造的人能盡善盡美，任何的不足就是不完美。

在基督身上也顯現了神所做的一切。為了除去祂親手創造的人所犯的罪惡，祂自己降世為人，生活在人當中，並被釘在十字架上，遭受地獄般的死。祂為人做了一切「可能」的事，使人可以與祂共享永生。

這不但合理，還有許多歷史的見證足以支持。推理和歷史都得到共同的結論——耶穌基督就是救主。請告訴我這封信的推理是否容易懂？雖然我覺得它很中肯、切題，應該具有說服力，可是有一部分可能仍不容易懂，我十分希望你能領會。期盼早日接到你的回信，讓我再一次告訴你，我多麼喜愛我們之間的通信。當你有一天終於轉變時（我很有信心），我們的信一定可以成為一本書。你提出的問題幾乎是所有人都會問，也都需要解答的。

滿懷盼望、愛你、祝福你的
葛雷格
1990 年 2 月 4 日

關於耶穌的問題

13

憑什麼相信
福音書的傳聞
？

親愛的葛雷格：

你對神是完美的辯論真有意思。我不斷思考這
一點，從某個層次來說，它似乎還蠻有道理。不過
我又回到這個問題上：如果人真是渺小到不值得擔
心的話，那麼神是不是真的有些缺點？沒有一個人
會因為我踩到一隻螞蟻，就認為我不足以做為一個
人，不是嗎？螞蟻根本不值得我們做這樣的考量，
雖然在螞蟻自己的眼中，牠們絕對很重要。同樣

的，在事物的整體架構之下，人在神面前的身分之
低恐怕還不如螞蟻在我們面前的地位。這倒不是祂
不完全，只是我們算不得什麼。

　　不過對你的上封信，尤其是最後那部分，卻引
發我想到一個更嚴重的問題，這問題真的碰觸到我
對基督教信仰很多問題的核心。基督徒，尤其是
「重生」的基督徒，常常引用聖經來支持他們的信
仰，他們認為他們的信仰是絕對真理，因為「聖經
這樣說」。我提出的問題是：是誰授權給聖經這麼
崇高的地位？

　　你說「歷史」證明神愛我們，接著就引用聖經
中的論點。我並不怪你，因為聖經是你唯一可以找
到有關耶穌事蹟的地方。然而它就是不符合我的要
求，因為我根本不接受聖經。我看不出有什麼好的
理由，一定要用信心盲目的一跳，全盤接受、鎖定
福音書——你整個信仰依據的真實性。

　　因此，即使我相信神在乎我們這些螞蟻，要相

信祂就是這樣的神——以及所有其他基督教的那套

玩意兒，可還早呢！嗯，到此為止吧！

非常愛你的老爸

1990 年 2 月 24 日

親愛的爸爸：

我先回答你引用「螞蟻」的比喻，再談你反對引用聖經的話。

你認為人並不因為不在意一隻微不足道的螞蟻而比較不像「人」；同樣的，神並不因為不在意微不足道的人而比較不像「神」。這個比喻很高明，可惜是錯的。或許在意一隻小蟲不是人的天性，但也再一次證明人並不完美。假如我們真的能愛及體恤人，那麼，不僅是對一隻小螞蟻，對所有其他在世界上的事物我們都會因愛而盡全力保護他們，減少他們的苦難。我們不僅會對人表示關愛，對世界上的一切事物也會如此。

這些聽起來或許像是陳腔濫調，但讓我們從另一個角度來解釋。當看不見時，我們就無法，甚至不願意去關懷別人的苦處，這正反映出人們愛的不完美。有些人連像貓狗之類的高等動物都無法愛

護，更別說是關心低等動物，或許就做出為了利益而燃燒森林、汙染水源、破壞大自然等事，這再一次證明人的愛不完美。所以，我們到底如何決定「完美的愛」與「不完美的愛」之間的界線？我認為那條界線根本不存在。

如果神像我們對待螞蟻般的對待人類，那祂就不是一個完美的神。但是根據許多我們已討論過的原因，我們已經接受神代表「完美的愛」，代表最高的知識道德標準。因此我的結論是神不但關心我們，祂也關心小小的螞蟻。

現在來談談你提出的聖經有什麼權威，可以證明其中所記載有關基督的事蹟是千真萬確的。爸爸，當我說「歷史」是最好的證明時，聖經就真的是「歷史」。或許你過去與重生基督徒接觸的經驗，使你覺得當我對你提起聖經，指的就是「神的話語」，當我提到「耶穌」，祂就是「神」。其實不盡然，所有我們對基督的認識幾乎都來自聖經的

福音書，但當我引用福音書時，並不是因為那是神的話語，而是因為福音書記載的就是歷史。

讓我分享一下閱讀「神的話」與「歷史」記載之間的不同。當一個摩門教徒讀摩門經時，他唸的是神的話，他相信摩門經中所說的一切都是真的。我不是摩門教徒，當我將摩門經以一本歷史書來讀時，我用歷史學家的眼光來評估摩門經，會覺得它毫無歷史價值。我會用一本書的歷史價值來決定我對這書的信任度有多高，若以是否能通過歷史考驗來衡量的話，那摩門經是相去甚遠。

所以，爸爸，我並不是要求你盲目相信福音書就是神的話語。先把「神的話」放在一旁，請你以讀歷史的眼光來看「福音書」，用歷史學家研究歷史的標準來衡量它。相信即使你以格外嚴謹的歷史角度來審核，福音書仍能高分過關，它記載有關基督的事是值得我們信任的。事實上，那些真實的記載甚至讓我們看到神確實透過耶穌成就那拯救人類

的大事。

　　到底歷史學家用什麼樣的標準來確認古代文獻的歷史價值呢？我不是歷史學家，況且要深入談這問題也談不完，我只在此大略談一下。其實這些標準只是將一般常理應用在歷史文件上而已，它們大致可分為兩部分：「內在標準」應用在文件內容上；「外在標準」應用在文件外在的考慮因素上。你繼續往下看就可以看出它們的不同，歷史學家用這些標準以一系列的問題來考證文件。請看以下我舉出一些比較重要的問題，連同問題的邏輯以及我的解釋：

　　內在標準：

　　一、作者是以什麼立場寫的？目擊者？或是根據目擊者的描述？或是根據傳聞？

　　如果文件的作者聲明所記載的乃是親眼目睹或是根據目擊者的描述，甚至只是目擊者的觀點，都要比那不敢如此聲明的可信度高些。當然，即使作

者是如此聲稱，也不能保證他所描述的就是真實的
（參見外在標準）。

二、文件中是否包含許多詳細，甚至不相關的
資料？

第一手的資料通常極其豐富，還有許多與主題
不相關的細節，而編造的往往比較缺乏細節。

三、文件是否含有對作者自己不利的資料？

如果一個文件含有可能對作者、其中英雄人
物，甚至文件本身的真實性產生負面形象的資料，
那作者多半是忠於報導實情，或是對真實性的一個
好指標。

四、文件是否前後吻合？

儘管從不同角度看一件歷史事件總會有些差
異，但大體上真實的敘述有其一貫性，這是編造的
故事所缺乏的。

五、文件中是否加添了傳奇人物或故事？

編造的故事常常有些誇張，文件中若誇大其

詞，則極有可能是後世之人藉著傳言而寫，也就減少了它的歷史價值。

外在標準：

一、作者是否有編造的動機？

如果作者本身有編造的動機，可信度便會大打折扣。相對的，如果對作者並無任何益處，甚至可能有害，那麼可信度就大大的提高。

二、是否有其他的資料來源可證實文件的真實性？

如果有其他的文獻資料可幫助證實，則文件的可信度就會大為增加（即使是參考資料也需要通過同樣的測試）。此外，如果有其他資料可驗證作者的身分，也可以加強文件的可信度。

三、考古及文化遺跡是否與文件中的事物相符合？

如果考古遺物足以證實文件中的事物，則可提高其可信度；若不能證實，則可信度勢必下降。

四、現代考察文件的人是否能證明文件中的事是編造的？

如果現代的人打算提出反證，推翻這文件，但卻未能如願，這文件的可信度勢必增加。

爸爸，不論是用內在或外在的標準來衡量福音書，福音書都輕易的通過考驗。以下的分析讀起來可能冗長乏味，但還是請你耐心的看完，因為每一點都很重要。

內在標準第一點：

路加福音的作者路加不是目擊者，但他表明資料來自於目擊者。在路加福音一章4節中，他說他追求的是「將歷史有條理並真實的記錄下來」。約翰福音的作者約翰自稱是目擊者，另外兩本福音書的作者馬可和馬太，雖然沒有特別聲明，但很明顯的是從目擊者的角度寫作。根據第二世紀的其他歷史資料，證實四福音書的作者的確為馬可、馬太、路加及約翰，這也符合外在標準第二點。

<u>內在標準第二點：</u>

福音書中充滿了不相關的細節，是很典型目擊者所做的描述。我用一段非常重要的經文來舉例說明。請你細讀約翰福音二十章 1 ～ 8 節敘述耶穌復活的事，我將不重要的細節放在括號中：

一週的第一日清早（是什麼時間重要嗎），天還黑的時候（誰在意天黑不黑），抹大拉的馬利亞（不討好的細節，請看下一標準），來到墳墓那裡。看見石頭從墳墓挪開了，就跑來見西門彼得和耶穌所愛的那個門徒（約翰很謙虛的指著自己，又一真實的寫照），對他們說：「有人把主從墳墓裡挪了去，我們不知道放在那裡。」（注意馬利亞的缺乏信心）

彼得和那門徒就出來，往墳墓那裡去。兩個人同跑，那門徒比彼得跑得更快，先到了墳墓（又是約翰的謙虛，但是誰在乎這些不重要的細節），低頭往裡看（墳墓的入口很低，當時有錢人的墳墓入

口確實很低，耶穌的遺體是被一位有錢人領去的，所以敘述與實際符合），就見細麻布還放在那裡。只是沒有進去（為何不進去？不重要的細節），西門彼得隨後也到了，但先進墳墓裡去（再度表現約翰的謙虛，至於彼得的衝動，福音書中處處可見）。就看見細麻布放在一邊，又看見耶穌的裹頭巾（耶穌到底穿什麼並無重要關係，這些都是超乎意料的細節），並未和細麻布放在一起，而在另外一處捲著。（耶穌走前還自己捲了部分的裹頭巾？爸爸，還有比這更不重要、更不尋常的細節嗎？）接著那些先到墳墓的門徒也跟著進去墓穴（誰會在乎他們進入墓穴的先後次序）。

　　希望你已經看到重點了。這段經節摻雜著許多不重要的細節，儘管它們對故事進展毫無幫助，但那是作者在回憶中將整個過程仔細記錄下來的結果。福音書中充滿類似的記載。

　　內在標準第三點：

福音書中充滿自損形象的細節。例如：前一段耶穌復活的記載中，第一個發現空墳的是個女人，這對早期基督徒的見證是有害無益的。因為在第一世紀的猶太文化中，女人常被認為是無足輕重或是搬弄是非的長舌婦，甚至不准她們出庭作證。這也是哥林多前書十五章中，保羅列出許多耶穌復活的見證，但是其中沒有任何女人的原因。再者，耶穌的門徒被嚴厲的批判眼光看待，假如他們編造故事來說服人們相信耶穌是救世主的話，有幾處關於耶穌生平的記載必然會被刪除。例如：在十字架上耶穌大聲喊著說：「我的神！我的神！為什麼離棄我？」這話不像出自神聖的彌賽亞、救世主的口。記錄這件事有可能有損「救世主」的形象，卻證明了我的論點：作者會如此記錄，唯一的動機是因為耶穌的的確確說了這樣的話。

內在標準第四點：

福音書對耶穌的為人、生平事蹟及周遭發生的

事的記載都很一致。如果四福音書是四位作者各自捏造出來的，怎麼可能對耶穌這人的描述如此一致？四福音書中對每一事件也有相當不同的描述，代表每一位作者都有自己的觀點，各有不同的看法。如果四位作者合作捏造的話，那麼對事件描述的吻合度會更高一些。

內在標準第五點：

魯益師（C. S. Lewis）是牛津大學教授，也是古典神話文學專家，他曾說：「身為歷史文學家，我深信福音書絕不是傳奇故事。我曾研究過許多傳奇故事，所以知道它們與福音書截然不同。」〔取自魯益師著《被告席上的上帝》（*God in the Dock*, Eerdmans Publishing Company, 1970. P.158）〕不錯，福音書中記載不少超自然的神蹟，然而它們是嚴謹的，與一般神話不同。

現在來談談外在標準。

外在標準第一點：

早期的門徒有何動機去編造耶穌的故事？他們自稱相信耶穌是因為耶穌的為人與教導，還有耶穌所行的神蹟以及祂的復活。其實他們信耶穌不但沒有好處，反而會遭受迫害，他們有說謊的必要嗎？他們的性格像說謊的人嗎？我沒聽說有任何學者懷疑過這些門徒的真誠。

外在標準第二點：

我在內在標準第一點中提到，在第二世紀有許多歷史資料可以驗證福音書的作者。其實那些與福音書同時代的資料，若要提出反證，要比現在容易多了；另外，很多當時的非基督教學者也都確認福音書中關於耶穌及早期門徒的事，例如：塔西佗（Tacitus，約西元五十五到一二○年，古羅馬歷史學家）、蘇埃托尼烏斯（Suetonius，第二世紀早期古羅馬傳記作者）、約瑟夫斯（Josephus，約西元三十七到九十七年的猶太史學家）、塔勒斯（Thallus，第一世紀中期）、普林尼（Pliny，第二

世紀早期的古羅馬作家），以及古猶太反對基督教的資料，如塔木德經（Talmud），都確認耶穌及早期門徒的事蹟。

外在標準第三點：

儘管一直有考古學家堅稱他們的發現與聖經中的記載有所牴觸，但聖經的記載總是一次又一次的得到平反。舉個例子，過去曾有不少人主張路加所描述耶穌出生的事是假造的，因為路加記載約瑟和馬利亞必須回到約瑟的戶籍地伯利恆報名上冊的時候，亞古士督是在位的該撒，而居里扭是當時敘利亞的巡撫。然而根據其他古代資料如約瑟夫斯的記載，並沒有提到人口普查之事，而且居里扭是西元後第六年才成為敘利亞的巡撫。後來我們才得知人口普查在當時是經常發生的，而且居里扭在西元六年任敘利亞巡撫已是他的第二任期。

聖經所以被指責錯誤，時常都是誤解造成。據我所知，還沒有任何考古學的發現可以駁倒聖經的

記載；相反的，許多考古學的發現證實了聖經記載的真實性。

外在標準第四點：

最後一點，基督教是在一個被極端敵視的險惡環境中產生的，同時代的人想盡辦法要駁倒福音書所描述的耶穌。第一世紀猶太教的領袖視基督教為毒害，他們巴不得將基督教徹底滅絕。如果基督教的聖經果真只是個編造的故事，那麼要推翻它是一件輕而易舉的事，因為只要將耶穌的遺體找出來就成了。然而，事實證明基督教不斷的發揚光大。當時門徒是將福音傳給那些親眼見過耶穌言行的人，他們怎能編造任何假的事蹟呢？即使是反對基督教的人也不得不承認耶穌曾經行過神蹟、祂的墳墓確實變空的事實，問題在於那些事實是如何形成的？反對者眾說紛紜，或說耶穌是在變戲法，或借助撒但的力量，或說是門徒偷走了祂的遺體，這部分請回頭看外在標準第一點。

總而言之，許多理由使我相信福音書是份可靠的文件，是很好的歷史參考資料，它說的是歷史，這和「神的話」或「神的啟示」並不是同一回事。

　　從歷史觀點來看，我們必須做出抉擇，到底耶穌是一個有魔力的騙子，騙到自己被釘十字架；還是和門徒一樣，相信耶穌是我們的救主。根據事實證明，我認為結論是後者。抱歉，這封信寫得實在太長，但這些重要的關鍵又不能不說，細讀後再告訴我你的想法，好嗎？

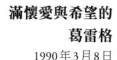

滿懷愛與希望的
葛雷格
1990 年 3 月 8 日

14

福音書裡
不是充滿矛盾嗎？

親愛的葛雷格：

抱歉過了一陣子才回信給你，因為我花了不少時間消化你上封信的內容。這些日子以來，你們過得如何？今年你對那瘋狂的超級馬拉松賽有什麼計畫？女孩們的體操訓練、跑步、詩班，還有她們參與的其他六百件事進行得怎麼樣了？

你上封信差點兒把我打垮了！你猜得沒錯，我一直假設你把聖經所說的全是事實這件事視為理所

當然，然後站在這個基礎上跟我辯論，可是接著你卻把這「標準」丟給我。重生的人可不該這樣用聖經的！

我把你的來信讀了好幾遍，思考再三，以下是我的一些回應：

首先，我不明白一個人怎麼能根據一些文件符合歷史條件的程度，就把他的信仰建立在這些文件上？因為這全是從猜測所得的判斷，沒有一件事是有把握的。難道你對自己的信仰沒有把握嗎？我所碰到的基督徒大部分對自己的每一個觀點都很有把握，所以和他們討論實在沒什麼意義。

其次，你做了不少福音書的「推銷」工作，可是，做過推銷員的我可不相信這是全套版本。

好，我不是什麼聖經學者，不過我讀過很多非基要真理派聖經學者的著作，他們並不認為福音書有多少歷史價值。我曾看到《時代雜誌》的報導，說有一群研究新約的學者組成委員會，他們每年聚

會一次，投票表決福音書裡有關耶穌所說的話是否真是祂說的。在這種情況下，你居然還想告訴我要相信這些記載，說祂就是最全能的上帝！

順著這個思路，我曾經在什麼地方讀到過，許多學者相信福音書以及大部分的聖經，都是從過去資料來源拼湊在一起的。這豈不牴觸了整本聖經是「神所啟示」的理論？也有人說福音書中充滿矛盾，事件發生的順序在每一卷福音書都有不同的安排，耶穌的教導會在不同的前後文中找到等等。在我看來，這都侵蝕了福音書的歷史可靠性。

最後，即使這些福音書在某些部分正確無誤——它們通過了你的歷史驗證——也不意味它們全是正確的。如果真像自由派學者所說的，它們是由過去的資料來源拼湊在一起的話，也許某些早期的零星資料來源是正確的，但是和這些接在一起的，還有許多關於他們所描寫那個人的無稽之談或傳說故事。「誇張的故事」越滾越大，但在口耳相傳的

過程中又挾帶了一些真理。

　　所以，這個冒險計畫雖然打算證明福音書是真的，對我而言，似乎還有「大問題」，我絕不想拿自己的性命做賭注。

　　請向雪莉和孩子們轉達我的愛。希望很快就能收到你的回信。

永遠愛你的老爸

1990 年 4 月 14 日

親愛的爸爸：

　　很高興又接到你的回信。我們一家都安好，女兒們最近熱衷於體操，雖然是老王賣瓜，自賣自誇，但我覺得她們挺不錯呢！她們對於賽跑已經沒什麼興趣，最近都是我自己去參加比賽。如果我每一週都可以多跑些，我就想參加今年的百公里世界盃錦標賽。這是世界盃第一次在美國舉行，又正好在明尼蘇達州，我不想錯過這個大好機會。

　　言歸正傳，希望你手邊有你上回來信的複本，因為我將分幾點來答覆。

　　首先，你問我信心和福音書的可靠性之間有何關係。我的信心並非依賴福音書中每一細節的可靠性，但是和福音書的普遍可靠性有很大的關聯。和我個人建立關係的耶穌，不可能和書中敘述的歷史上的耶穌有什麼大不相同，否則耶穌就不是我心目中的耶穌了。對信仰的確定，一方面是來自敬拜耶

穌的經驗，另一方面來自我經歷福音書的普遍可靠性。「信心」是與基督之間建立愛與信任的關係，這樣的情感是以理論評估一個古老歷史所無法培養出來的。但這不表示我和歷史評估分了家，同樣的關係也可以用在人與人之間。就拿你和珍妮之間的關係來說，已經遠超過你對她一些基本資料上的了解。不過，當初如果沒有這些資料，你或許不會對她有興趣。

其次，你問到福音書的組成、連貫性，以及我們是否確定耶穌到底說了些什麼話？大多數的學者相信作者在寫福音書時，利用了許多其他的口述、筆述資料，這點我完全接受，但我不覺得這有什麼不對。在路加福音一開始，路加就聲明他使用不同的參考資料，我看不出這會減少作者的可信度；相反的，我認為會加強他們的可信度。因為這表示福音書和已存在的資料可以銜接，讓我們與所發生的事情更接近。福音書約寫成於西元五十到七十年

間，無論是何時寫的，事實證明福音書引用了一些早就被流傳的資料，離事件當時越近的資料，它的報導應該越正確。

雖然聖經中有許多事件報導的先後次序不同，但我看不出這會減低它的可信度。爸爸，福音書並不是記錄耶穌生命中的每一個細節，也不是為了滿足歷史的好奇心所寫，而是為了使人與耶穌建立關係並被拯救而寫。每一本福音書就像是一幅耶穌的畫像，你若將它當作一幅「印象派畫像」，資料便會被整理以配合畫家的風格；福音書也像是一場佈道會，講員說的內容一方面要忠於事實，一方面還要想如何能感動聽眾；再換一個比喻，福音書像是一首歌，用歌詞來傳達訊息，不但能感動聽眾的心，更能改變他們的人。

堅持以上所說的，不會影響到福音書的可靠性，當時所有的歷史著作都是採用同樣的寫法。雖然我們無法確定耶穌所行的每一件事情的順序，但

這有差別嗎？同樣的，耶穌在什麼時刻說了什麼話，福音書的記載是有些出入，這也說明了當時的作者不像二十世紀的作者那麼著重於引用的字句，他們用自己的字彙重新整理了耶穌所說的話，帶出他們覺得聽眾需要聽到的信息，這只證明耶穌的教導是多麼充實。福音書永遠無法做到像錄音般的記錄，但它們帶出耶穌在神學上及個人生命教導上重大的意義。如果作者嘗試以二十世紀的標準，一字不誤的記錄耶穌所言，反而會受到批評。

有些學者們想要找出耶穌真正說出的每一字、每一句，他們可以用投票表決嗎？那是既無益又無必要的。同樣的，我認為那些「基要真理派」想將福音書中每件事安排到完美和諧，也同樣無益、沒必要。我也以同樣的方法回答你，你認為福音書中充滿了矛盾，其實所有福音書中被指控有「矛盾」的地方，都是因為它們被人以二十世紀的著作標準，以「一字不差」的前提來衡量它的準確性。然

而，如果你以第一世紀的眼光和作者書寫的目的來看福音書的話，「矛盾」自然而然就消失了。並不是因為有了合理的解釋，而是因為那些矛盾根本不存在。

爸爸，我仍堅持福音書是絕對可信的。許多福音書中沒有提到的內容，我們可能因為對歷史好奇而想知道；其實，福音書已經寫出我們必須知道的，也促使我們回答一個最重要的問題：耶穌基督到底是誰？在回答這個問題之前，首先需要做一個決定，祂是個瘋子？是個騙子？還是一個跟隨祂的人所宣稱的救主？證據可以說服理智，聖靈可以打動心門，二者合一的結果可以得到唯一可能的答案——祂是救主。

爸爸，希望你能想想我所說的。不管你喜不喜歡，你應該知道我時時為你禱告，因為我愛你。

葛雷格

1990 年 4 月 26 日

福音書是誰寫的？
什麼時候寫的？

親愛的葛雷格：

　　很高興知道你們一家都很好，請隨時告訴我賽程的最新狀況。對於你要參加百公里世界盃錦標賽的計畫，我很有興趣，也很擔心。跑那麼遠對任何人都不好，我真搞不懂你怎麼會認為那很好玩。在我看來，那幾乎就可以稱為地獄了。

　　我們就繼續辯論吧！我非得告訴你，我覺得這一切對我來說實在太高深，有點像在球場討論上

帝，這歷史的東西有點太深了，我實在不習慣用
「歷史的」方式來看待聖經的任何一部分。我很驚
訝你會承認福音書中有這許多的差異，承認作者們
使用先前的資料來源等等。我一直以為你們福音派
的人把這本「聖書」當成是從天堂掉下來的，每一
部分都完美無缺，或是像美南浸信會所說的「聖經
無誤」（inerrant）。你信不信他們的講法？

　　無論如何，我了解你想要證實的觀點，我認為
很有意思。不過，以下是今天我反對的理由：你怎
能確定這些書是什麼時候寫的？還有，你怎能那麼
確定是誰寫的？事實上，福音書代代相傳這麼久才
傳到我們手上，你怎能那麼確定你擁有的是最原始
的福音書呢？也許他們一路都在「竄改」。

　　我猜你對這問題早就有答案了，告訴我吧！

非常愛你的老爸
1990 年 5 月 3 日

最愛的爸爸：

再次跟你問好！

繼續我們的討論吧！

你問我怎能既相信聖經是神所啟示的，又將它當做一本歷史讀物看待呢？許多福音派的人把聖經看成從天而降的書，我同意你的說法，那是一個錯誤的觀念，並且和聖靈的啟示毫無關係。儘管我相信聖經的確是受聖靈啟示，而且絕對可靠，但我也很清楚聖經和其他的書一樣是由人寫出來的。當我說聖經是受聖靈啟示時，我要表達的是我深信神參與了整個歷史過程，才有聖經的產生。因此我不覺得相信聖經是神的話和分析它的歷史性之間有任何矛盾存在。

我有許多理由相信聖經是透過聖靈啟示而成的，有機會我會和你討論這些理由。然而，在我看來，信不信聖經是由聖靈啟示的，並不是基督教義

的中心，相信基督是神的化身、是我們的救主才是重點。救恩是仰賴我們與基督的關係，而不是仰賴聖經。事實上，對我而言，相信聖經是聖靈所啟示的，只是承認耶穌基督是我生命的救主的必然結果，並不是根基。

再來談談你所問有關福音書的作者及寫作日期，如同考察古代文件的可靠性一般，那是一個複雜、冗長的過程，我盡量簡要回答。

首先我要聲明，不論我對福音書的作者及日期的辯護是好是壞，基督信仰的中心都不應受到任何影響。即使福音書不是門徒而是其他人在我們傳統認定的寫作時間之後才寫成的，前面信中提過的許多理由，仍然可以證明福音書的可靠性。正統猶太教義不容許耶穌自稱為神子，但連正統猶太教徒都相信耶穌真的存在。我當然相信福音書中有關描述耶穌的正確性，我也依舊被迫選擇我的立場：相信耶穌是個聰明的騙子（笨到使自己被釘死在十

架）？還是相信耶穌所說的一切都是真的？即使福音書的寫作日期較原先晚，然而有太多證據可以確定它的可靠性，足以將那些對耶穌不實的傳說揮之一旁。何況福音書的寫作時間較晚，並不代表它的內容也較晚。

不過，若是我能證明福音書是較早時期寫的，又能確認那四位門徒的確是作者，不是更好嗎？我相信可以提出合理的證據。爸爸，要推算福音書的寫作日期，必須先找到使徒行傳的寫作日期，不論自由派或保守派的學者都公認使徒行傳寫在福音書之後，根據我的判斷，使徒行傳是在第一世紀的六十年代寫的，以下是我的分析：

一、使徒行傳的作者是路加，這是眾所公認的事實。他在使徒行傳中自始至終都在描述發生在耶路撒冷的事，但路加沒有記載西元六十六年導致耶路撒冷淪陷的猶太人與羅馬的戰爭，也沒有在使徒行傳中提到西元七十年耶路撒冷的淪陷。由路加的

著作可看出他一向關心猶太人和羅馬人的關係，連西元四十四年發生的小衝突都沒放過，怎麼會遺漏二十二年後導致猶太聖殿被毀、耶路撒冷被洗劫的大戰呢？

而且，路加福音二十章中，記載了耶穌曾預言耶路撒冷的淪陷，路加寫使徒行傳的目的是傳揚聖靈如何在早期教會中實現耶穌的工作，我想路加絕不可能放棄這個應驗耶穌預言的大好機會。

不只是路加，每一卷福音書都記載了耶穌對耶路撒冷淪陷的預言。現今自由派的學者們不相信任何超自然的事，因此強說福音書必定是在耶路撒冷淪陷後寫的，這個預言是福音書作者將耶穌從未說過的話硬塞入祂口中的。此外，所有福音書都將耶路撒冷的淪陷和世界末日相連在一起，在路加福音二十一章、馬太福音二十四章、馬可福音十三章裡都有記載。顯然，耶路撒冷的淪陷並不是世界末日，這個事實帶給自由派學者一個更難以自圓其說

的問題：如果耶路撒冷淪陷是福音書作者在事後才編出的「耶穌預言」，這些作者怎會編出尚未應驗的「世界末日」預言？你了解我的重點吧！

所以我敢斷定，耶穌預言耶路撒冷的淪陷，是在西元七十年之前所寫的，否則路加在使徒行傳中必定會提到預言的實現，福音書也不會將預言與世界末日接連在一起。

二、使徒行傳沒有提到尼祿王在西元六十年代迫害基督徒的事。路加在福音書中對羅馬政府的看法頗為正面，因此我們可以確信使徒行傳是在羅馬政府尚未對基督徒懷有敵意之時，也就是在尼祿王之前所寫的。

三、路加沒有提到保羅在西元六十四年及彼得在西元六十五年的殉難，卻提到司提反和雅各這些名氣較小的基督教人物的殉難。這點似乎不合常理，因為使徒行傳中有許多關於保羅和彼得的事，如果是在保羅和彼得殉難後才寫的，卻不提他們的

殉難，實在令人難以理解。

四、使徒行傳中的主要題材都發生在耶路撒冷淪陷之前，而不是淪陷之後，而且題材反映出社會大眾的需求及注意力。很明顯的，這些群眾尚未經歷到耶路撒冷的淪陷。

五、考古學家曾經再三驗證路加所記載的羅馬帝國的人與事，反映出他對第一世紀早期的了解。我們若將寫作日期越往後移，距離第一世紀初期越遠，深入了解的可能性就越低。

六、使徒行傳中的用字遣詞在西元七十年前是很普遍的，但是在西元七十年後就不用了。例如耶穌在西元七十年前被稱為「人子」，這稱呼在基督徒圈內很快就被「神子」所取代。

所以，我的結論是使徒行傳不可能在西元六十年代中期之後寫的，很可能更早一些。路加福音是在使徒行傳之前寫的，兩者儼然像是一部上下集的書。大家一致認為路加寫在馬可之後，根據許多理

由，多半人認同馬太和路加差不多是同時期寫的，原因之一是馬太和路加都參考馬可所寫，二者也都參考另一資料。所以這三卷福音書（統稱為「符類福音」）都應該是西元六十年代中期之前完成的。

爸爸，以上的結論意義重大，這些文件都是在事情發生的三十年之內寫的，從歷史的眼光來看，三十年相當短暫，沒有機會讓重大的神話故事逐漸滋長。當時那些與福音信息為敵的目擊者可能都還活著，而且就生活在周遭，可以想像福音書的真實性必定會受到嚴格的考驗。

以上的每一點，加上我從前所提出的證據，使我敢堅定的說「福音書是一本可信賴的作品」。

現在來看看關於福音書作者的問題。我只有簡單的三點要說，首先，路加福音和使徒行傳的作者已經沒有爭議了，作品中曾經提到，早期的資料也證明作者的確就是路加。

其次，另外三本福音書的作者早在第二世紀就

15 福音書是誰寫的？什麼時候寫的？

被確認。當時這些人為了信仰遭受迫害，甚至殉難，沒有人會笨到為了一個謊言而白白的死。

另外，福音書中的每一件事都和早期的傳統風俗相符，反映出作者與事情發生的時間非常接近。在我已提過的證據中可再加上一項，那就是在馬太、馬可及路加三本福音書中，到處可見到對耶穌獨特的教導方式雷同之描述。例如：耶穌用「阿們」（等於誠心所願）的方法很特殊，祂提問題的風格也與眾不同等等。如果他們是在編造故事，那麼我們就難以解釋作品之間的相同點了，唯一的可能就是作者與耶穌的關係密切。

我承認我無法確定有絕對的真確性，但是如果有人不承認這些作者，他們需要擔當提出反證的責任，他們需要證明那些早期的傳統風格是不正確的，還要證明這些文件的作者在當初是被誤認的。至今還沒有人能提出如此的反證，至少沒有足以令我滿意的程度。

爸爸，如今的情況是我們手中持有相當把握的
證明，確實有一位自稱為神子的人，祂的證據確
鑿，甚至推翻了當時猶太聽眾的神學理論。祂說服
了這些人，他們稱祂為彌賽亞、救世主。這不是一
件簡單的功績！我們從福音書和使徒行傳中得知祂
的生命、祂行的事蹟……，在在都是平常人做不到
的。特別是祂的神蹟和祂的復活，並說服那些跟隨
祂的人，他們相信祂不是別人，正是「神賜下的兒
子」。

這些文件迫使我們面對一個問題：到底耶穌是
誰？假如祂不是如祂自己和信徒所說的那個人，祂
又是誰呢？

爸爸，我們的討論已經到了我們同意神的存
在，祂是一位愛我們、關心我們比我們關心自己還
多的神。所以我要問你的問題是：福音的見證和我
們所知的「一致」嗎？哥林多後書五章19節宣稱
「神藉著耶穌為世人贖罪」（我自己的意譯），是不

是既符合歷史的證據，也符合神的本意？這個宣告是否證實你內心深處的渴望，同時又答覆了你理智上的疑問？盼望你思考一下，如果願意，你甚至可以為這事禱告。

抱歉，這封信洋洋灑灑寫了好長，誰叫你提出這麼好的問題呢？若是你因此就相信的話，我們就不必說這麼多了。這是開玩笑的。說正經的，我真的很愛談論這些，否則也不會拿來當做吃飯的傢伙。我擔心有些術語是在考驗你的耐心，請你原諒，我實在不知道有什麼其他的方法可以簡短的回答你的問題。

盼望你的來信。

滿懷愛與希望的

葛雷格

1990 年 5 月 23 日

你怎能相信一個人會從死裡復活？

親愛的葛雷格：

我發現你對耶穌和聖經的觀點，就像我認為你對神的觀點一樣的怪異。你說你對聖經的信仰是在你信了耶穌之後，這和我一向的看法完全相反——不過我看得出你的意思。接下來就是你對神的啟示的了解，這對我而言是全然陌生的。聖殿裡其他所有的人也都這麼想嗎？否則，你會不會是基要真理派中異乎尋常的自由派人士？

無論如何，葛雷格，你已經讓我十分相信福音書中是有一些相當可靠的第一手資料。我對你的論點印象深刻，不過你還沒有證明這些福音書從各方面來看都是可靠的，你也沒有告訴我約翰福音怎麼會在任何一方面都是可靠的。所以，為了要回應你的論點，我的看法就是我從前提過的一點：有什麼東西不會讓我們假設有很多「無稽之談」交織在福音書的歷史部分，就像整本聖經都交織了許多「無稽之談」一樣。

　　我並不是要否定福音書的「普遍可靠性」，也不是要否認耶穌做了某種「信心醫治」之類的事——那在其他宗教裡也可以看到——不過後來那些故事可能越變越多，一直到福音書寫出來的時候，人們就相信祂是世界的救主了！這些事不是常常發生在一些知名人士的身上嗎？你知道的，人們也傳講有關佛祖和穆罕默德的奇蹟故事。

　　這個疑問的核心有一個我對整個基督教信仰的

問題。我所認識的每一個死了的人都不曾復生！但是基督徒卻說耶穌從死裡復活。你要我以及其他所有活著的人因為某些我不太了解的古老文件的「普遍可靠性」，就推翻我認為人死不能復生的證據。假如今天有一個「普遍可靠」的人告訴你，他們的一個朋友從自己的墳墓中走了出來，你會相信嗎？

我不知道為什麼耶穌的門徒會認為耶穌從死裡復活，在我看來，任何一個解釋都比假設祂真的從死裡復活要好些。也許門徒們產生了幻覺，死裡復活曾經發生在法蒂瑪（Fatima），我聽說在別的地方也發生過這種事情。人們總會見到一些稀奇古怪的事，特別是狂熱的宗教信徒。也許有人偷了屍體，也許有人惡作劇，也許耶穌設計了整個事件……，我真的不知道。不過我他媽的絕不相信祂死後出現，還有那些天使等等的故事。

好了！在你上封信的末了，你問我認為耶穌是誰？坦白說這個問題我還沒有一個肯定的答案，不

過有一點我倒是很確定，不論祂是誰，祂現在不存在──祂已經死了。

葛雷格，我們可能會僵在這裡，因為我認為我所反對的只是信心這件事，而信心正是我所欠缺的。信不信由你，它可是超越了任何古老文件的「普遍可靠性」。

你大概已經對我不耐煩了，我們來來回回已經一年多了，除了你那些令我非常羨慕的理性辯論之外，我不認為我比從前更能接受你的信仰。我對神的觀念在某種程度上已經有些改變，但除此之外，我只是多了一些資訊罷了。

就這樣吧，我愛你。

老爸

1990 年 5 月 29 日

親愛的爸爸：

　　相信你遠在佛羅里達州那豔陽之地一切都好。你或許會嘲笑我們明尼蘇達州嚴寒的冬天，但真正好笑的應該是佛羅里達州炎熱的夏天吧。我從氣象報導中得知你那裡天氣的狀況，我敢打賭你夏天在戶外的時間一定比我冬天在戶外的時間還少。唉！這世界真是每下愈況，每個季節都折騰人，根本不像伊甸園。

　　好吧，還是回到神學話題。我已將整個下午的時間騰出來準備寫這封信，因為這將是我獻給你的一篇巨作，耶穌復活是我們討論中的一個關鍵話題，我要好好的和你聊個清楚。

　　你信中擔心我會對你的質疑態度產生厭倦，讓我告訴你，打消這念頭吧！我非常欣賞你的性格、你所提出的反對理由以及敏銳的問題，再加上我對護教學的喜愛，我也享受著與你交談人生中最重要

話題的樂趣。我們過去從未有機會如此深談，我熱愛我們之間這樣的討論。

因著我的專業，所以我知道一些你不知道的事，這更激起我的滿腔熱情。爸爸，儘管你不知道，但是你已被神點名，神摯愛你，並要你與祂共享永生。雖說你腦中對於祂的計畫仍然充滿疑問，但是祂知道你的心已經柔軟了。我的工作只是理清一些理性的問題，使神有一條直達你心門的路，隨著我們每一封往返信函，這條路越來越暢通了。

不斷鼓舞我的力量是來自對你的信心，以及我對你的摯愛與關懷。或許你可以說那只是我個人的樂觀直覺，但是我真的有信心你會得救。你自己大概還不知道，也看不到任何證據，但當我為你禱告時，我可以感到一股信心的衝擊，這信心來自聖靈，也就是正將你的心逐漸軟化的聖靈。我如此說，你是否覺得又是那套陳腔濫調？總有一天當你回頭看這一切時，就會全然理解。無論如何，請你

不要擔心，我不會厭倦我們之間的討論。

言歸正傳，談談你對耶穌復活的異議。

第一：你堅信耶穌復活只是一個「信條」，一個人可以很單純的相信或是不信，所以你覺得我們這盤棋到了僵局。我不同意你的看法，我「相信耶穌復活」是超越對一樁歷史事件的理性推論，但這並不表示復活和對歷史事件的推論毫無關係。耶穌復活是歷史上的事件，正如任何其他的事件，都需要通過歷史的驗證。相信耶穌復活不光靠證據，也要靠聖靈感動一個人的心，這並不表示信心和歷史證據是兩回事，面對真理時，理性和感性應融入一體的兩面。

我永遠無法代替聖靈來打動你的心（我不是聖靈！），但是我總可以負擔理性說服的工作吧。所以我要好好和你談談耶穌復活的見證，它不僅是一個信仰，更是信心與歷史推論的交集。

第二：你說得沒錯，我證明了福音書的「普遍

可靠性」（約翰福音除外，雖然約翰福音中沒有一件事不合情理，但那需要另一個冗長的解釋）的同時，我並未證明福音書「從每一個角度來看」都絕對可靠。不過爸爸，你認為這樣的要求合理嗎？對於一個這麼古老的文件，我們如何能找到證明每一件事的證據？我一向秉持對待福音書要像對待其他歷史書一般，但是你的要求遠超過這標準。

我承認福音書在某些事情上有可能不盡可靠，但是既然我們已經證明了福音書的普遍可靠性，如果有人認為某部分不可靠，他就應該承擔證明不可靠部分的責任。我們已列出許多福音書可信的理由，如果有人認為福音書中有誇大其詞的故事，他也應該提出具體的證據。

第三：你懷疑有些傳奇故事逐漸滲進福音書中，你是根據什麼理由如此想呢？我長久研究福音書，唯一想到會使你做這論斷的是書中記載著有關於耶穌一生行過的神蹟及一些超自然現象。只有從

這個觀點看福音書像是看神話，但是人又從何確知這樣的事情不可能發生呢？認為宇宙間每一事件必定有一個自然因素造成的觀念，其盲從之程度不亞於任何迷信。況且這樣的觀念不應該來自你，因為你已經相信宇宙之間有一位神。我們如何能排除神參與此事的可能性？相反的，如果神真如我們所信的無所不能，那祂的介入更是理所當然。我有四點說明可以證實福音書並無傳奇之處：

一、福音書是在耶穌升天後的數十年內寫的，尚未有足夠時間醞釀出重大的傳奇色彩。

二、撰寫福音書時所處環境頗不友善，如有誇大傳奇的事必定逃不過當代的檢視。

三、如果真有傳奇色彩，應該發生在福音書的後段，不在前段。許多十八、十九世紀的自由派神學家嘗試證實這一點，但是他們的努力全都不了了之。因為早期的神蹟照樣處處可見，事實上在保羅的書信中就已經將耶穌神化了，保羅稱耶穌為救

主。根據記載，這些書信寫在福音書之先，其實書信本身已證明，在寫這些書信之前耶穌就已經超越人性了。腓立比書二章6～11節中也顯明，耶穌的超人性特質是與生俱來的，並非時間培養出來的。

四、最後，如果在可信度高的福音書中摻雜了傳奇的內容，我相信「傳奇內容」必定不能像「非傳奇內容」一樣通過歷史批判的考驗，然而這樣的事從未發生。還記得我們曾討論過的約翰福音二十章，整篇文章都符合目擊者報導的特徵。

因此，爸爸，即使針對神蹟的部分，我也看不出福音書有不可信之處，足以使我們推翻先前評定出來的可信度。耶穌復活之事亦是如此。如果有人不承認福音書的可靠性，則提出反證的責任在他身上。事實上，在我看來，耶穌復活的歷史見證比祂一生中其他神蹟的歷史見證更強而有力，也遠比許多看來理所當然的歷史事蹟更有確據。我簡短列出我的理由：

首先，耶穌復活有五個不同的資料來源分別為證：馬太、馬可、路加、約翰及保羅，保羅又列出其他許多證人，如哥林多前書十五章中的彼得和雅各。這麼多人分別提供資料，大大增進每一個人的可信度。有人可能會說馬太、路加在別處引用了馬可的文獻，他們也可以在這裡引用馬可的記錄。然而有趣的是，他們三人之間的描述又各自不同。事實上，他們的獨特之處多於共同點，反而構成報導上的協調問題。好在協調是小問題，如果耶穌復活之事不曾發生，五個人要如何解釋他們各自見證耶穌復活，才是真正的難題。

　　其次，耶穌墳墓的地點是眾所皆知的。如果耶穌沒有從死裡復活而後升天，如果祂的遺體仍然在墓中，那是很容易查證的事。跟隨耶穌而受迫害的人，以及巴不得扭曲基督信仰反對耶穌的人，雙方都有足夠的動機查明事實真象。但是我們知道雙方都不得不承認墳墓是空的事實，雙方的認同該如何

解釋呢？

　　第三：在耶穌被釘十字架之後的幾個星期中，基督教會在耶路撒冷開始形成，隨後發揚光大。促使基督教興起的訊息就是耶穌是彌賽亞，是所有人的主，以及耶穌所行的神蹟和祂的復活。門徒所說的不是一位不知名的古代人物，他們所傳揚的是一位當代的人。如果耶穌復活不是事實，基督教的成長該如何解釋？

　　第四：我以前提到過耶穌復活的記載，缺乏晚期傳奇故事的特色，卻帶有早期目擊者報導的具體證據；也就是說，報導中有許多與故事本身不相關的細節。舉例來說，馬可福音提到亞利馬太的約瑟是一位猶太議會的知名議士，他捐出一個墳墓埋葬耶穌。如果馬可要編造故事，他絕不會寫出如此不必要的細節，尤其是一位眾所皆知的人物，太容易被求證了。

　　福音書中還記載著對自己不利的內容，這是傳

奇故事所缺乏的。復活故事中的女人就是一個例子。正如先前的信所說，女人在當時被定位為無可救藥的騙子，在第一世紀時，一個女人的見證對作者只會有害無益。

此外，復活的記載缺乏神學的解釋。傳奇故事不會留下任何無法解釋的疑點，然而復活記載中有許多令人費解的癥結。作者只是報導，並未加以解釋，就像約翰福音二十章中耶穌對抹大拉的馬利亞說：「不要摸我，因我還沒有升上去見我的父」，為什麼沒有呢？作者沒有解釋，至今神學家們仍在猜測原因。類似的例子還有許多。

第五：保羅的大轉變除了如使徒行傳九章及哥林多前書十五章的記載，是因為面對面遇到復活的主之外，根本無法解釋。保羅曾極力反對基督徒，殘害教會，又親眼目睹一位傳道人被石頭打死，然而一瞬間，他就被徹底改變了。類似的情況也發生在耶穌的弟弟雅各身上，雅各原本不信耶穌，直到

耶穌顯現給他看才改變，這一段記載在哥林多前書十五章7節；雅各的不信在約翰福音七章中亦可看見，這又是一些不利作者的記載，再度證明福音書的可靠性。如果耶穌復活不是真實的，如何能解釋這些重大的轉變呢？

第六：保羅在耶穌復活約十五至二十年後寫哥林多前書，在第十五章中列出耶穌復活後的早期顯現，為的是要說服哥林多人相信耶穌復活的真實性。他列出耶穌向十二門徒、雅各及「後來一時顯給五百多弟兄看，其中一大半到如今還在」。保羅寫「見到耶穌的眾人如今一大半仍在」的原因是要說：「如果你們不信我說的，還有其他看到復活後的耶穌的證人，可以去問。」以任何法庭的標準而言，這樣的證據應該夠明顯。

第七：門徒自己也都承認，除了耶穌復活之外，再也找不到可以使他們改變的原因。將門徒在耶穌死前和復活後做一比較，他們簡直是判若二

人。一天之內，他們由畏懼、隱瞞自己的身分，變成勇於面對敵意的聽眾，傳揚耶穌的復活。

第八：最後一點，門徒沒有任何動機去編造耶穌復活的故事。這件事對他們只有害而無利，我們也看不出門徒有編造故事的個性傾向，並且可以編出如此不可思議的故事。即使他們想，恐怕也難以成功。總之，沒有跡象顯示耶穌復活是一齣成功的編劇。

耶穌復活在歷史假設論的前提下立場穩固；相反的，反對耶穌復活的立場在歷史假設的考驗下站不住腳。因此概括說來，耶穌復活是一件史實。

在結束這封長篇大論的信以前，我想針對你上封信中對耶穌復活提出的另一解釋說幾句話。可能有人偷了祂的遺體嗎？那會是誰呢？做這事對誰有利呢？他們如何通過看守墳墓的羅馬衛兵呢？這些看守墳墓的衛兵若有疏失，很可能會賠上自己的性命，因此可以推斷出這些守墓的衛兵都萬分警醒，

不會輕易讓遺體被盜走，耶穌復活後的顯現又如何解釋呢？

門徒看見耶穌顯現可能是幻覺嗎？那麼空墳又如何解釋？況且耶穌的顯現並沒有幻覺的特徵，祂顯現在人間有四十天之久，祂在群眾面前，並與他們互動、說話，甚至一起吃東西。顯現前門徒沒有幻覺的徵象，顯現後我們卻在門徒身上看到莫大的改變，幻覺應該沒有這麼厲害的影響力吧！

耶穌可能一手策劃整件事嗎？祂的計畫可能成功嗎？祂如何在眾多執行死刑的專家前裝死，然後又復活呢？這符合耶穌平日的性格、作風嗎？祂向保羅、雅各及五百群眾的現身該如何解釋？門徒的轉變又如何解釋？

爸爸，除了承認耶穌復活之事確如門徒記載的發生之外，我實在找不到其他任何「看似有理」的解釋了。我同意你說的，根據我們一般生活的經驗，人死是不能復活的，耶穌的復活實在令人難以

相信。但是我不認為因為我們以往的經驗，就排除極端不尋常的事發生的可能性，耶穌復活就是一個最佳的例子。

想想看，一些如今稀鬆平常的事在它們初次發生時，難道不是不平凡的嗎？不論你相信演化論還是創造論，想想第一隻長頸鹿或大象出現時的景況，但現在誰還會為牠們的出現驚嘆？

耶穌的復活亦是如此。耶穌的復活到目前為止是第一次發生，有一天復活將是全世界性的。我們可以說耶穌是復活的第一個示範，未來人類是什麼樣子？神原來設計的人是什麼樣子？就看耶穌這個實例；也就是說，耶穌才是真正的第一個人。

你也可以將耶穌想成第一隻破繭而出的蝴蝶；因為我們都還在繭內，所以覺得破繭而出是件不可能的事，但毛毛蟲原本應該會飛的呀！再換一個例子，耶穌是第一個足月的受精卵而生的新生兒；如果你從未見過嬰兒誕生，必定難以想像從顯微鏡下

才看得到的受精卵竟可以長成一個嬰孩，我們現在相信是因為天天都有無數的嬰兒誕生。但是耶穌的復活真的比一個新生命的孕育更神奇嗎？目前來看是的。但是，爸爸，如果我說得沒錯，在不久的將來，復活就會是一件平常事了。在世界末日來臨時，我們註定都要復活。

結束這封信前，我必須告訴你，聖經上說得很清楚，雖然神的本意要我們復活後都得永生，可惜的是我們復活之後，不是每個人都能與神在一起享受永恆的生命。若要從現在直到永遠的「重生」，我們必須相信神為我們預備出生的方法。讓我們繼續剛才那個新生嬰兒的例子，耶穌就是我們與神之間的唯一臍帶。如果我們將這條生命線剪斷的話，我們就會胎死腹中。希臘文的「地獄」（gehenna）一詞是指耶路撒冷西南方的一個大焚場，這景象與我們的例子剛好符合。那些使自己變成死胎的人，違背了神創造的原意，將自己變成垃圾，他們成了

死胎，在永恆的生命中沒有他們的分。

爸爸，我勸你，更懇求你，不要從耶穌那兒將你自己的生命線剪斷，不要拒絕祂對你的計畫。你心中所渴望的、需要的愛、希望、快樂與生命意義，都可以經由你與耶穌建立的關係來實現。神創造你，祂要你擁有這一切，耶穌釘死在十字架就是為了讓我們得到這一切。

我說的全是出於我對你的愛與盼望。

愛你的
葛雷格
1990年6月16日

你怎能相信
一個人是神？

17

親愛的葛雷格：

　　百公里世界盃錦標賽訓練得如何？這些日子雪莉和孩子們好嗎？下封信把每個人的近況告訴我。

　　感謝你上封信中對我所表達的愛和關懷。至於我可不可能回心轉意？抱歉，我無法像你那麼樂觀，但是誰知道呢？無論如何，我必須承認，我沒有想到你對基督復活的論證是這麼的強而有力。如果沒有別的，我們的討論正開始回答我長久以來的

問題：你怎麼能在全國最好的研究所完成所有的學校教育之後，仍然相信基督教這東西？即使我不同意你，也必須承認你所根據的是相當確鑿的證據。這點讓我很頭痛，因為我認為事情本身實在不可信，但證據卻在那裡！

　　我並不想挑剔你所說的復活的證據，只想以不同的方式回應你。為了辯論的緣故，若我承認墳墓是空的，基督確實甦醒或發生了什麼事，那的確是件怪事，但我不知道光是這樣能不能證明這個人就是所有基督徒期望的祂。我的意思是，我聽說過別的人死後復活，難道這就能證明他們是神？

　　你瞧，這世界常發生許多無法解釋的事情。看看在英國那些奇怪的「幽浮」記號吧！也許在第一世紀發生的只是一件無法解釋的事情，面對這事時門徒有些發癲，就認為耶穌必定是神。事實上，也許只有保羅發癲到這個地步（他常讓我感覺有點瘋癲）。我聽說他是第一個相信耶穌有神性的人，而

福音書則用比較世俗的詞彙描寫耶穌是一位能行神蹟奇事的偉人（這倒是我願意認同的）。

葛雷格，我打算要做的事，是要在你證據的壓力和一種對我來說比較合理的世界觀之間取得調和。斷然說耶穌是神是行不通的。你怎能相信一個人，一個千真萬確的人會是神呢？如果不能讓人接受這一點，世界上所有關於復活的辯證都得立刻停止，那看起來就像是那些異教徒的迷信，是一件極其矛盾的事！我知道基督徒堅持三位一體：神的一部分來到人世間，另一部分在天上之類的講法。但是只要說耶穌是一位信心的治療師，祂甦醒了，而祂的跟隨者（特別是其中的一位）到海外宣揚有關祂的事。我們不需要相信那些不可能的想法，也足以解釋這一切呀！是不是？

告訴我你對這一點的看法。

永遠愛你的老爸
1990 年 7 月 16 日

哈囉，親愛的父親大人：

　　我們在很「酷」的明尼蘇達州一切都好，我的百公里賽跑訓練也進行得還順利。如果我一星期之內能跑到四十英哩就不錯了，不過一般認為四十英哩只達到參加百公里賽跑每週必須訓練里程的一半。孩子們碰上心情好的時候偶爾會參與賽跑，有一次我們去參加賽跑，奈森年紀太小不能參賽，但他很想贏得一面獎牌，我說服一位裁判，如果奈森能跑完或走完四百公尺的半程，就給他一面獎牌。由於不知道二百公尺到底有多遠，奈森就一路拼命跑，結果跑完全程。當他跑到差不多半路時，觀眾席上有人看到這個四歲小孩正拼命的跑，開始為他加油，等他快跑到終點時，全場觀眾都起立為他歡呼。裁判也特地為他拉了根終點線讓他衝破，那真是他光榮的一刻，我從沒見過他那麼自豪，裁判給了他一面第一名的獎牌。

很高興知道，最起碼你暫時願意相信耶穌死裡復活後升天。但你覺得這並不能證明祂的神性，你懷疑這是從保羅引發出的一個迷信的想法。爸爸，你可能會很訝異，因為我不同意你的說法。

有許多理由使我不同意你的看法，這些理由更加能夠證實耶穌基督就是神的化身。

首先，如果只在保羅的書信中才認為耶穌有神性，那就錯了。雖然耶穌本身並沒有直接宣稱祂就是福音書中的神，但書中的描述處處可見祂就是神。祂曾說：「人看見了我，就是看見了父」，「叫人都尊敬子如同尊敬父一樣」，以及「我與父原為一」。第一世紀中一個再好的夫子充其量也只是人中之好夫子，絕不敢像耶穌這樣說話。

再者，耶穌使自己成為眾人信仰的對象，祂常說到「信我」，如：「信祂就如同信神」、「拒絕祂就如同拒絕神」、「信我就是信那差我來的父」。即使在祂的登山寶訓中，自由派的人說我們發現了

「人類偉大的老師」，祂說「人若因我逼迫你們，你們就有福了」，祂以為祂是誰？因為一位拉比會說：「那些因為神受逼迫的有福了」。

爸爸，使徒稱呼耶穌為「救主」（Kurios），在希臘文中這個字是耶和華（Yahweh），是神在舊約中的名字。當心存懷疑的多馬見到復活後的耶穌時說：「我的主，我的神」，而耶穌並沒有指正多馬，我們看見門徒和跟隨耶穌的人在福音書中對耶穌的敬拜，是當時猶太人除了對神以外不會做的事，所以福音書中寫的是個充滿神性的耶穌。

爸爸，你記不記得我們以前去過一個教會，有一位教授講道的題目是：為什麼蘇格拉底是一個比耶穌更偉大的人？當時，我們都被他的講題所震驚，他說蘇格拉底是個比耶穌偉大的人，因為他喚出人性最美好的一面，而耶穌「讓我們感覺祂是神聖的，甚至祂就是神」。我覺得這位教授的結論雖是錯的，但他評論的角度是對的。福音書只給我們

兩個選擇：耶穌是神，或者只是個凡人。

　　如果我們選擇祂是一個凡人，這其中最不可思議的是，我們所談的是第一世紀的猶太民族，他們不像其他古代的宗教文化般相信多神，而且這些神隨時以人的形象降世。正統猶太教的中心信仰只有一位遠在人之上的神，若有任何與這有久遠歷史的信仰對立的事，那就是神降世為人。

　　然而，整個福音書和新約的門徒書信，說的就是神變為人這件事，只不過是在耶穌離世後的十五年。保羅在聖經中附帶提到基督徒就是敬拜基督的人（哥林多前書一章2節），他還引用一首在教會中被用來敘述耶穌就是神的傳統詩歌（腓立比書二章），他又多次稱耶穌為「主」及「神」（見羅馬書九章，提多書二章）。

　　以上所說的帶來一個令人費解的問題：是什麼說服猶太人相信耶穌就是神的化身？什麼事能讓一向反對敬拜人的猶太人來敬拜耶穌？祂必定做出令

人難以置信的事，才能使這些正統猶太教的人相信祂的所作所為是他們信仰中人不可能做到的。

根據福音書，不是因為一具屍體的復活，讓這些猶太人相信耶穌是神的化身，而是在祂復活前就已經具體表現出神的國度——祂的愛、教導及力量是在復活前就顯現的，在復活前，就已經宣告祂是具有驚人身分的人，祂不但如預言般復活，而且從今以後再也不會死。

如果耶穌真的死了，那麼全世界的基督信仰就會粉碎了。但祂沒有，祂升到了高天之上，如果耶穌沒有升天，那我們必須自問：耶穌在早期教會時代躲在那裡？門徒為什麼要撒謊？又是如何撒謊的？為什麼這個謊從未被拆穿，甚至被懷疑呢？

爸爸，我的重點是基督的神性和祂的復活是一體兩面，除非我們完全相信福音書所說的，否則不可能解釋門徒為什麼信其一或信其二。事實上，我甚至可以說，即使沒有福音書，我們也會推測出耶

穌必定說了些宣言或行了些神蹟，以致早期的基督徒相信祂就是門徒書信中所說的那位。

如你所提，耶穌以人的肉身證明神的存在，是否有牴觸？這說法是站在哪一種立場呢？如果神的定義是「是神就不能是人」，或說「是人就不能是神」，那麼耶穌是神的化身就是個衝突。但以我們對人、對神的有限知識，能讓我們如此推斷嗎？我們對神唯一的認識是神自己告訴我們的，所有的證據顯示，耶穌基督就是神用來告訴我們的方法。

我也承認「道成肉身」是個似是而非的觀念。因為我們不了解它是如何發生的，但是相信它的真實性既不自相矛盾，也非無稽之談。神學家常用物理學家描述光的例子做比喻，因為光既有波又有微粒的特徵，這一點是似是而非的，我們無法理解光怎可能同時有兩種特徵，但因證據確鑿不容爭論，所以物理學家可以很堅定的斷言它的真實性。

你上封信提到的三位一體也是類似的情況。三

位一體的意思並不是說部分的神是一個人，而部分的神在天堂。神是靈，所以無法將之分割開來，三位一體的信念是神全然是至高的父、全然是道成肉身的子、全然是信祂的人心中的聖靈。亙古至今，神以三種不同的方式存在，這是三位一體的教義。

這個說法有衝突嗎？沒有，但這理論有點似是而非。我們無法理解三位一體如何存在，但是有許多好理由使我們相信它的存在。我們又有誰對神的本質有足夠的了解，敢說神不可能如此存在？

希望你滿意我這樣答覆你的理論及問題。基本上，耶穌的復活和神性是相連的，目前沒有任何一個合理的基礎可以推翻這個概念。我知道你非常重視這些證據，希望你能緊隨著它們走上唯一合理的結論，讓耶穌成為你生命的救主。

**帶著愛和希望的
葛雷格**
1990 年 7 月 28 日

關於聖經的問題

為什麼神要讓人
那麼不容易去相信祂？

18

親愛的葛雷格：

　　近來發生的一些事又引發我對神行事方式的老

問題，像伊拉克強人海珊欺凌科威特人民、強暴他

們的婦女並殺害孩童，而神卻什麼也沒做。我知道

你會以自由與靈性間的爭戰這套神學理論來回答這

個異議，不過，如果你讓全世界的人投票，包括伊

拉克絕大多數的人民，我敢打賭百分之九十九的人

會選擇暫時迴避神所建立的自由法則，宰了那孬

種！如果神不這麼做的話，和祂將要做的犧牲相比，這只會是一個小小的犧牲！為什麼我們這些渺小的人類會看見這一點，而神卻看不見呢？為什麼神不能更民主的運作這些事呢？

好了，這不是我今天真正的問題，之前我們已經充分討論過了。我得強調有關耶穌復活與神性的事情，我必須再次承認你的論證非常有說服力。最起碼，我還沒有什麼好的論證來抗衡，不過老實說，你那論證的壓力在某些方面令我氣憤，好像怎麼說都不太對。我的意思是，我不能反對你的論證，但它們又讓我強迫自己去相信那些我無法理解的事情，這是為什麼？

為什麼神要把我們放在一個我們必須努力嘗試著去相信祂的地步？祂為什麼要玩弄人，用那些讓我們十分不舒服的證據來嘲笑我們，卻從不直接顯現出來，讓祂自己更明確呢？「信心」有什麼了不起，為什麼祂要把信心放在明顯啟示祂自己之上

呢？而當祂表明祂自己時——理當發生在聖經中——祂又做了那麼多奇奇怪怪的鳥事，讓那些無法在現場目擊的人簡直難以相信。為什麼人必須相信一些事情，然後接受一些在正常情況下他們絕不會接受的故事，才能得救呢？這根本就不公平。

如果我不想下地獄，想必我得相信一條蛇對夏娃說話、一個處女從神受孕、一隻鯨魚吞下一位先知、紅海分開以及所有那些荒唐的事。好吧，如果神那麼想得到我，葛雷格，為什麼要把相信祂這件事變得他媽的那麼不可能？祂一下在這裡給個證據，一下在那裡給個證據，已經夠讓我們迷惘了，可是祂又丟下這些怪異的、我們不可能認真接受的事情！如果光有證據，或者只有荒唐的東西，我就不會有問題。然而把兩件事合在一起最令人氣憤！

在我看來，全能的神會比任何一位福音傳道者，甚至於你所有的論證更能說服人相信祂的存在。去他的，乾脆在天空寫上又大又清楚的：「這

裡是你的證據，愛德華，相信我，不然就下地獄！你的全能神。」算了，你就不用花一個下午和我爭論歷史，我會馬上屈膝下跪！

　　我想情況會好轉，但是你的回應越令人信服，我就似乎越惱火。而且我發現最近自己對這方面想得太多了，表示我處在挫折的狀態。對於解決這種狀況我毫無頭緒，也許你可以告訴那不聲不響正奪走我心的「聖靈」，要祂從黑暗中走出來，在雲上寫字！長話短說，我認為自己註定是個既困惑又洩氣的懷疑論者，你對我的樂觀也註定會失望。

你的老爸
1990 年 8 月 21 日

親愛的爸爸：

　　我和你一樣厭惡海珊，不過我在神學上的結論和你不一樣。你可以生海珊的氣，怪他和他背後的邪惡勢力（也該怪美國和其他國家，他們在整件事情上也並非無辜），但除非向神求助，你不應該將神牽扯進來。在整件事上，神比任何人更憤怒、更傷心。畢竟我們憤慨的心是源於神，祂永遠站在正直、公義、和平這一邊。

　　爸爸，我深信如果有一天能將你的滿腔熱血轉到正確的方向，你將是一位勇不可當的禱告尖兵，盼望見到你對撒但也產生同樣的憤怒。

　　還是將話題轉到你的上一封信。我先要謝謝你的真誠，也謝謝你如此慎重思考我的論點，你從來不會不假思索的摒棄我所說的，從你的字裡行間我看出你對我的尊重，這點讓我非常感動。

　　對於你的灰心沮喪，我一方面深感同情，但從

另一方面來看，你的挫折未嘗不是一件好事。要改變一個重要的基本世界觀並不容易，尤其這些觀念對你來說早已根深蒂固。我們的理智，甚至我們的情感同時被不同的觀念往兩個方向拉扯，心理學家稱之為「認知失調」（cognitive dissonance），這在重要的理念上是非常痛苦的。

　　儘管這麼說不見得安慰得了你，但是我能感受到你的感觸。還記得我曾告訴過你，有一次我從明尼蘇達大學天文學實驗室下課回家路上的經驗？所有贊成神存在與否定神存在的證明，一直在我的腦海中交戰，它們整整爭戰了六個月，帶給我前所未有的苦惱。

　　但那還不是最後的爭戰，讀研究所時，有好幾次我的信心搖搖欲墜，面對著與我的信仰有衝突的新證據或新論點時，我的信心就陷入茫然狀態，也就是剛才提到的「認知失調」。你現在也被兩個世界觀包夾著。說真的，即使現在讀到有關孩子的悲

劇消息，我還是會經歷茫然的狀態，孩子們受苦的消息總帶給我難言的痛楚。去年有一個男孩賈克．威特陵被壞人誘拐，好長一段時間我會時好時壞的與神嘔氣，甚至質疑祂的正直。理智上我可以將事件和我的「一神論」連結（我就是在茫然期才想通了現有的世界觀，也就是我告訴你的關於屬靈的爭戰），但是在情感上，人面對這麼殘暴的罪惡必然會產生一陣狂怒。在這墮落的世界裡，只要有思考力，人的世界觀將不斷受到衝擊。

因此你不要被我看似堅定的論點愚弄了。不錯，我是個堅定的基督徒，根據我知道的證據和聖靈在我心中的運作，我不可能離開基督教，但是我的信心得來不易。從你上封信中，我又聽見自己的心聲。基督教並不是一個巨大的「答案機器」，凡事都備有解答（雖然基要真理派試著這麼想），生命就是活在問題和矛盾的結論中。

你上封信中提出的好像是一個問題中的問題：

我們為什麼要問問題？為什麼要有信心是如此困難？為什麼神不能顯而易見？如果接受你有疑問的事實是合理的，你可能就不會那麼困惑了。如果一個基督徒可以釐清為什麼會有這些進退兩難的困擾，我認為他已經朝解決問題邁進了一大步。

爸爸，請想想看，如果神照著你上封信所要求的去做，祂為每個人在天空上如此寫著：「耶穌是我的兒子，信祂則不至滅亡。」你認為所有人就會信耶穌、愛耶穌了嗎？我想不會。當耶穌在世上行了那麼多神蹟，不想跟隨祂的人依舊不信祂。當神從天上說：「這是我的愛子」時，無心相信祂的人說：「那是雷聲。」甚至當耶穌從死裡復活，許多目擊的羅馬士兵依舊與他們的宗教領袖想盡辦法要隱瞞祂復活的事實。

舊約聖經中也發生過同樣的事，神也試過「直接打交道」的方法，但都不成功。祂為了要解救以色列人，在埃及降瘟疫，但是以色列人在短時間內

又將神忘記了；祂從天堂直接供應嗎哪讓以色列人吃飽，但是人們照樣背叛；祂白天用雲柱、夜晚用火柱不斷引導他們，但許多人還是懷疑祂；舊約中有超過六百條的律法，祂親自詳細教導他們如何跟隨祂，但是他們一條條的觸犯。即使他們能遵守律法規條，舊約的律法仍然無法達到神想與以色列人建立的那種愛與信任的關係。

「直接打交道」不成功有許多原因，我立即想到四點：

第一：令人驚嘆的事情留給人的很少是永久性的印象，深刻的印象會隨著時間逐漸淡化。我也見過神為人做出不可思議的事，但事過境遷，當初的印象就被磨蝕了。正因為事情的不尋常，在人的記憶中不像事實，反而比較像一場夢，對生命的影響力沒有持續性。如果人的信心來自神蹟，他需要經常補給，然而如此一來神蹟就不再是神蹟了。（電視上有不少用信心醫病的佈道家，結果都是假

的。)

因此，即使神將祂的訊息寫在天上，一時之間可能會改變許多人，但是長期來說，我認為是沒有效果的。

第二：凡事都可能不只有一個解釋。如果雲上寫著「信我的兒子」，大家可能會說那只是一片怪形怪狀的雲、一個騙局、魔鬼寫的、人的幻覺……等。如果神自己說話，人們可能只當成雷聲。耶穌行的神蹟可能只是變戲法、巧合，或如當時宗教領袖所認定的是魔鬼的行為，總之有各式各樣的解釋。地球從何而來？可能是宇宙大爆炸；人為何有價值觀、有愛、有自由？可能因為複雜的化學作用。解釋並不需要很合理，有時甚至不需要可行性，都會有人相信。門徒如何相信耶穌就是神的體現？任何想像得到的猜測，總是有人會相信。

第三：因為我們正處在一個與邪靈交戰的世代，許多神聖的事看來並不那麼單純。根據哥林多

後書四章4節，世上也有敵人利用他們的毀滅力，混淆我們的視聽。人們有時候看不清楚事情，並不是事情本身不清楚，而是因為人的心志被自己的邪惡弄得混濁，或被魔鬼的力量所矇騙。如果人的耳朵被掩蓋，即使神再大聲叫喊，人還是聽不見，還不停的問：「神啊！你為何不說話？」

　　第四：最後，即使神的「直接打交道」看起來好像成功了，其實不然。神盼望和人建立愛與信任的關係，這是祂創造人的本意。然而分開紅海做到了嗎？從雲端上說話做到了嗎？神都試過，但都達不到目的。往好的方面看，人只會因為驚訝或畏懼而暫時順從，人可以屈服於強制，可以暫時調整行為，包括說出充滿畏懼的「我愛你」，但是心中沒有真愛。如果神應允了我們所有的禱告，如果祂真如瓶中的精靈，可以實現我們所有的願望，這只能代表我們在利用神，不是愛神。祂就像是我以前說過的「宇宙販賣機」，祂得到的是一群心中沒有

愛、只知道按鈕索求、被寵壞的孩子。

愛必須是自由、發自內心、沒有外在動機的。但是坦白說，對一個無所不能的神，人的愛要有這些特質非常不容易。如果神用「直接打交道」的方式傳達祂的愛，即使任何能扭曲神意的解釋都不存在，神也必須不斷表達，祂的愛才不至於被淡忘。如此一來，神所做到的只是安撫或是寵壞我們。

因此神選擇的是中庸之道；祂的存在足以讓願意相信祂的人可以經歷祂，祂的不存在使得不相信祂的人不被強迫經歷——也使得他們有藉口埋怨神的缺席。神明顯得讓想見祂的人能看到祂，也隱祕得讓不想看見祂的人躲開——卻又有藉口抱怨祂的諱莫如深。愛既需要證據，又需要隱藏。

法國著名哲學家、數學家、物理學家巴斯卡（Blaise Pascal）說：「神的亮光足夠照明那些祂所揀選的人，也暗得使摒棄祂的人盲目。」他的著作《思想錄》（*Pensées*）說的就是這點，那是一本值得

看的好書。

　　爸爸，總而言之，信心必須要超越歷史的理論，也是一個道德的決定。問題不單是「在理性上你為何要相信？」而是「你願不願意相信？」其實已經有足夠的證據可以滿足理性上的需要，但還是需要足夠的信心做出感性的決定，而不是一個被強迫的決定。神巴不得我們有發自內心的信心，祂尋求的不是像機器人般被設定的行為，而是有責任感的愛心。

　　我沒有回答你信中問起有關聖經中怪誕的故事，我想暫時將那些擱置一旁，因為它們不是信心的中心，不管它們多重要，救恩不是相信一條會說話的蛇詆騙了一個女人，或是一條巨大的魚吞下一個人，或是會分開的海。救恩是承認你的生命中需要一位救主基督耶穌。聖經中的許多話，要一顆被感動的心才能體會。

　　如果你願意，暫時將你對那些故事的判斷放在

一旁，慎重考慮基督的救恩、祂的神性、祂的生命以及祂的復活。儘管證據確鑿，但祂從不強求，還是需要個人來決定，我為你的決定禱告。

愛你的
葛雷格
1990年9月6日

18
為什麼神要讓人那麼不容易去相信祂？

為什麼你認為聖經是神所啟示的？

親愛的葛雷格：

恐怕我不能「暫時擱置」對聖經中所有故事的論斷。對我來說，基督教信仰成立與否是整體的，這是一整套的東西。你不能只要我考慮你那強而有力的論證，而忽略那些讓人為難的東西。對我來說，相信耶穌是世界的救主與相信一本裡面有著非常怪異故事的書是密切關聯的。書出了問題，救主也會有問題。

所以請你再一次回答這個問題：怎麼可能期望有人相信一條毒蛇會說話、一個人被一隻鯨魚吞下肚、一片大海被分開、一個人的頭髮越長他就越強壯，以及其他這類荒誕的事？怎麼可能有人會相信所有這一切真的是「神的話」？如果你在其他書上看到這些，你一定會重新考慮的！這些事情主要是在我以前是天主教徒的時候記得的，當時我就很困惑，即使我一直「試著」去相信。

因此，雖然你那「耶穌是誰」的解說令人不得不接受，我卻認為聖經中所有荒誕的事正是反駁它的汙點。今天就到此為止吧。

永遠愛你的老爸
1990 年 9 月 27 日

有懷疑的父親，你好！

離百公里長跑賽只剩下三星期，我明天要跟一位朋友一起參加雙子城的馬拉松賽跑，將二十二英哩的賽程當做熱身。之後，直到賽前我都將放輕鬆，到時會讓你知道比賽的結果。

你堅持要討論聖經令人費解之處，好吧！我之所以請你不要對那些事情太早下定論，並不是因為那會使我尷尬，而是那並不是基督教的中心，尤其是那與建立完全的人與神的關係沒有關聯。「建立完全的人與神的關係」是基督信仰的動力。我堅信「耶穌是誰」這個立場自己會站得住腳，聖經的啟示則是完全不同而且是間接的。我相信聖經是「神的話」，最主要的原因是我已經相信耶穌基督就是那位神。我來解釋一下。

在我過去的教育過程中，也像你一樣把聖經看成是一部人寫的書。聖經有一些故事，假如在一般

書籍中讀到的話，會被認為是純屬捏造。我也曾面對許多經文中無法解釋的問題、明顯的矛盾或不符合考古學之處，但我總是回去相信聖經是神的話語，這並不是因為問題得到合理的解釋，而是唯有「聖經是神的話」這個信念能與「耶穌是全能的主，但以人的形象顯現」的信念吻合。

爸爸，我的想法是這樣：根據我先前寫的信，我已經相信福音書給了我們一個很好的耶穌寫照，耶穌是神的化身，這代表的意義是耶穌不犯錯，起碼祂在有關神的中心教導上沒有錯誤。

福音書中清晰顯示，耶穌相信舊約聖經是神的話語，祂的教導，甚至對祂自己的認知也是根據舊約，何況耶穌授權門徒採用同樣的方法去教導。祂應許門徒聖靈會降臨在他們身上，讓他們想起祂所說過的話、做過的事，幫助他們詮釋耶穌是誰，幫助他們說與寫，使眾人經由他們的教導相信耶穌（約翰福音十四至十六章）。我並不是要套用聖經

來證明聖經，只是認為聖經是一本可信的文件。

所以，儘管有時候覺得聖經有些難以理解的地方，我總是回到這個兩難的選擇：

我如何能一方面稱耶穌為主，但另一方面去更正祂在神學上的中心教導？我對聖經可能懂得不多，但根據以上的理由，我絕不能讓自己的推論高過耶穌的權威。

總而言之，聖經中令人費解的部分，不論我是否有能力使它們合理化，我都希望你能回到「基督是主」的基礎上。在任何領域中，知識的進步都是由已知推向未知，從清晰推向不清晰，我也懇求你從清晰的「基督是主」開始，再去了解那不清晰的聖經。

「基督是主」是我接受聖經是神的話最主要但並非唯一的原因，還有一些其他的原因：

第一：聖經含有許多已實現的預言，唯一的解釋就是聖經是神的話，例如：整本舊約都預言著耶

穌的降臨，而這預言在新約聖經中實現。舉幾個實例：舊約預言耶穌的出生地在伯利恆（民數記二十四章17、19節，彌迦書五章2節等）；祂是亞伯拉罕、以撒、雅各、大衛的後裔（創世記十二章3節、二十一章12節，撒母耳記下七章13節）；祂的先鋒是施洗者約翰（以賽亞書四十章3節，瑪拉基書三章1節）；祂代替別人受痛苦及死刑（以賽亞書五十三章）；祂被釘死在十字架上，而釘十字架在舊約時代尚未成為一種刑罰（詩篇二十二篇16節，撒迦利亞書十二章10節）；祂與一般的罪犯一同受刑（以賽亞書五十三章9、12節）；祂的神性（以賽亞書九章6節，耶利米書二十三章6節，彌迦書五章2節等），這些如何解釋呢？這遠遠超出了「偶然」能做到的。

除此以外，舊約聖經中還有許多其他的預言，舉一個值得注意的例子。推羅（Tyre）在以西結時代是個繁華的海港（約西元前五百八十年），受神

的啟示，以西結預言好幾件關於這個港都的事，如巴比倫國王尼布甲尼撒二世將毀滅推羅（以西結書二十六章8節），在被圍攻十三年後，這個預言果真應驗。

事實上，以西結說城的土石瓦礫將被拋入海中（以西結書二十六章12節），這對一個城市而言是多麼不尋常的預言，尤其是繁榮如推羅的城市。但預言後的數百年，果真一一應驗。亞歷山大大帝攻打推羅，城裡的人逃到海邊附近一個屬推羅的小島上，亞歷山大無法用他的海軍攻打，就將城的殘骸推入海中，建了一條堤道，那是推羅被剷平的原因。當年的古城現在位於地中海的某一角，如今只有幾個小漁村，正如預言中所說，漁人們在淨光的石頭上曬網。

爸爸，我想這應是個令人印象深刻的預言。像這樣的例子，聖經中還有無數個，這難道不在印證聖經不只是靠人寫成的嗎？

第二：除了一些令人費解的部分外，有許多原因使我們相信聖經是神所啟示的。我曾經提過，聖經一次又一次的通過考古學的考證。一九七四年十二月三十日的《時代週刊》有一篇關於聖經考古學的報導，說到「聖經在歷史的細節上是驚人的正確，超出早期學者的預料」，報導的結論是聖經經過兩個多世紀，在所有可使用的科學武器攻擊之下，仍然通過檢驗，是圍攻下的勝利者，沒有一部其他的古代作品能有如此結論。

第三：聖經中的統一性不是能用自然主義解釋的。從創世記到啟示錄，可見到一個連貫的主題：神對人類的愛和人類對神的抗拒。在這麼不同的作者群、觀點、文化、環境、時代、世界觀及文學體裁之下，聖經的主題仍舊一致是「贖罪」。聖經涵蓋之廣是因為它有眾多的作者群；同樣的，聖經的一貫性是因為幕後有位神性的作者。

最後一點，聖經有聖靈感應，這經歷是基督徒

自始以來可以見證的。當一個人經歷生命被聖經改頭換面之後，相形之下那些「令人費解的部分」就不重要了。耶穌說過一個比喻，有一個人在田中找到一塊寶石，於是為得到寶石將整塊地買下來。聖經和這比喻有異曲同工之妙，為我們贖罪的基督改變了我的一生，而且還在繼續不斷更新我的生命。對我而言，「相信整本聖經」是再自然不過了。和你一樣，我對聖經某些部分也理不清頭緒，但是聖經具備有力的歷史證據及改變生命的見證，不應該被偶爾的困惑所推翻。

爸爸，想想看我說的，更好的方法是開始讀聖經，並在讀經時與作者（神）聊聊，你不會有什麼損失的。

**永遠愛你的
葛雷格**
1990 年 10 月 13 日

信心的跳躍——懷疑論父親與神學教授兒子的 **30** 封真實心靈書信

聖經裡不是充滿
神話和神的報復嗎？

親愛的葛雷格：

　　當你收到這封信時，你的比賽已經結束了，我
希望一切都很順利，也希望你能跑完一百公里那
麼遠！如果可以 ，我一定把我的按摩浴缸運去給
你，好讓你跑完之後可以放鬆一下，不過這恐怕不
可能。你為什麼不乾脆多跑幾英哩，把我們家當成
終點呢？

　　前幾封信裡，你曾談到「認知失調」，那正是

我目前的景況。你提出了我們可以想到的最好的理由，去相信那最難以想像的事情！在第一世紀時，一個猶太人從死裡復活，祂就是神。一本書告訴我說有一隻鯨魚吞了一個人，這本書是神的話。誰會相信呢？但是你辯駁的方式，誰能不相信它呢？這真叫我頭痛。

幫我解決我的困境。你為相信聖經提出了非常好的證據，但聖經實在怪異得讓人難以相信。你認為它全是真的嗎？跟我說老實話吧，葛雷格，你真的相信會說話的蛇嗎？你當真接受所有這些荒謬的東西？

接著另一個問題：你已經說了那麼多有關神的愛之類的話，不過我記憶中舊約裡的神絕不是這樣！難道不是祂用洪水摧毀了整個地球嗎？祂的脾氣可真大啊！難道不是祂下令滅絕迦南人——包括婦女和孩童？難道不是祂把所多瑪和蛾摩拉燒成灰燼嗎？這似乎不像你那位無所不愛的神。

最後的這個問題，我不太了解，但是我曾聽說舊約各卷書的作者沒有一個是書裡所說的人。我也聽說有很多不同的人寫「摩西五經」，所羅門不可能寫下他的所有箴言等等。但是，後來有一個人把這些東西彙集在一起，再歸功於這些傀儡。所以，如果耶穌認為舊約是神的話語，是不是祂也錯了呢？也許祂錯在聲明自己具有神性，不然就是門徒們錯在說祂做了這些聲明。也許祂並沒有從死裡復活？（那麼我該如何處理那些證據？）啊！或許當我們認定神有人性時，就早已偏離軌道了？

正如一開始我們書信往返時，我就說我不確定自己到底相信什麼，我只有一大堆的疑問。

實在很困惑的老爸
1990 年 10 月 30 日

親愛的爸爸：

　　我很痛，非常的痛，我才剛開始能夠站直著走路，有四個腳趾是黑的，其中一個是在賽跑途中破裂的。原本白色的球鞋現在被血染成紅色，還有可憐的膝蓋，我發誓再也不做這種瘋狂的傻事了（明年以前？）。

　　不過我熬過來了，不管你信不信，其實這次長跑是個很棒的經驗。我這樣算不算也是「認知失調」？大概因為自己覺得離死不遠吧，我在接近終點時感到和神從未有過的親近。我的成績在參賽的美國人中是第七名，全部參賽者中則排名二十三。這是世界盃錦標賽，所以我對自己的成績相當滿意。整個賽程都逆著強風，風速最強時達時速五十六公里，這讓許多體態輕盈的世界級選手吃足苦頭，但是對高頭大馬的我則非常有利。換成較好的狀況，我的名次必然差多了。

言歸正傳，爸爸，我的確以認真、恭敬、嚴肅的態度對待整本聖經，因為我已經認定耶穌為主，怎能不認真呢？祂很認真的活出聖經的教導，所以我也必須如此。換本書我很可能做不到，但是對於聖經，我願意接受裡面所有的故事都是真實的。以下幾點或許可以幫助你減輕困惑。

第一：你需要了解現在人類的狀況與聖經時代比較起來有天壤之別，因此神在聖經時代與現在的行事方式也大大不同。如果沒有化石的證據，我難以相信地球上曾經存在過比建築物還高大的動物，因為我從未親眼目睹。所以談到恐龍好像在說電影裡的金剛（King Kong），但是因為恐龍有化石證據，所以我相信。對聖經亦是如此。我們從未見過聖經中發生的神奇之事，所以很難接受它是事實，如果有證據確定故事是真實的，我們就有理由相信。不是嗎？基督的復活、考古學以及預言應驗，都是證明聖經的理由。

第二：你要了解聖經中的敘事是有選擇性的，故事會在聖經中出現就是因為它們的不尋常，如神曾分開紅海、也曾為大力士參孫做過一件極特殊的事、有一次祂創造一條大魚（聖經並沒說是鯨魚）把一位悖逆的先知吞下肚。從整個歷史來看，耶和華在舊約中行出令人歎為觀止的事少之又少，然而都被收集在一本聖經中，所以讓人看起來好像這樣的事常常發生。

第三：我先前的信曾經暗示過，我找不出理由規定神必須依照一定的文學體裁來表達祂自己。聖經沒有理由不能包含象徵性的敘事，如果利用神話或寓言故事更能表達神的重點，有何理由禁止神用象徵性的敘事？完全沒有。

爸爸，認真、慎重的看聖經，並不表示要完全依照每個字的字面原意去看。這不是我一個人的見解，在教會歷史上也有宗教領袖建議過，說聖經有些部分的原意可能並不是要我們依字面逐字解釋，

有人說：「或許會說話的蛇只是用來代表撒但的文學手法，或許禁果是代表試探。」

聖經時代的作者不像現今的作者沉迷於每個字「字面的真實性」，他們常將歷史與神話或寓言編織在一起表達。以西結書十九章就是其中一個例子，作者用象徵的方式來敘述歷史，這樣一來，因為故事中有重要的歷史意義，所以我們必須認真、慎重看待，然而我們不能從每一個字中找尋重點。近來有一個誤導的觀念，認為如果聖經是百分之百受神啟示，那麼聖經必須百分之百照原意解釋。

對於現代文學家而言，這立即產生一個問題：如何辨別是照原意還是象徵性？這是個難題，但是它不影響對事情的判斷。聖經都是神的話，我們都必須認真、慎重對待，應該徹底分析經文、了解作者到底想說什麼。到目前為止，即使專家們都不能彼此認同，幸好這不會影響對事情的判斷。

爸爸，如果你不能接受「會說話的蛇」，不要

讓這一點阻止你了解故事的重點。重點不在蛇會說話，而在夏娃屈服於關於神是誰、她自己是誰的謊言。她以為自己做的事可以改變命運，她覺得神所創造的她不夠好，神的恩典不夠用，那才是故事的重點，也是今日罪的根源。這個故事極其深奧，至於那條蛇是否象徵什麼並不影響故事的重點。

現在來談談舊約中神的報復行為。我必須承認我也很困惑，但以下幾點可能可以幫助我從正確的角度看待。

第一：如我以前說過，最好從已知的事看未知的事。神在耶穌身上全然彰顯，所以對我而言，耶穌就是神最重要的定義。不論神其他方面像什麼，祂都不可能與我所認識的神不同。耶穌說：「人看見了我，就是看見了父。」（約翰福音十四章）如果聖經與這衝突的話，我必須承認自己的無知，拋掉自己的判斷。有時我不了解神在舊約中為什麼做那些事，但是我從別的地方得知神愛人，而且無所

不知，我只能相信舊約中的神也是愛人、無所不知的。

第二：讀舊約時需要一再提醒自己，舊約時代的世界和現今截然不同，我們甚至無法想像古代的思想是如何。當時和現在的思想差異就有如我們和最原始土著的思想差異，當時的世界非常暴力傾向，「誰的力氣大，誰就是對的」，生命是廉價的。

例如：迦南人的獻祭儀式經常把新生兒活活燒死。有證據指出，那時的宗教儀式會將正在分娩的產婦雙腳綁緊，置之不理直到她們死去。這些文化將戰敗的成人刺穿，並把敗方嬰兒的頭敲碎在石頭上來慶祝勝利！

因此，神在舊約中使用暴力的原因，或許是唯有這麼做，祂才能做祂所要成就的事。在激戰中，只有隆隆炮火的聲音。

第三：在某些情況下，有些人的死可能是兩難選擇中影響較輕微的一個。有時候我們不也認為

「生不如死」嗎？在兩難的選擇中，神的考量是從整個世界的歷史觀點出發，而不是從受影響的個人觀點來看。神對整個歷史有祂的計畫，以當時世界的自甘墮落、野蠻來看，或許毀滅整族要比留下他們來破壞神的贖罪計畫好一些。事實上，因為以色列人沒有把迦南人趕盡殺絕，存留了幾個活口，後來惹出極大的麻煩。

最後一點：如果相信有永生的話，迦南人的死並不代表他們生命的結束，而可能是與神永生的開始。神在歷史上做的事不一定代表神對永生的判決，由這點來想，許多迦南人的死，尤其是孩子，可看成神對他們的憐憫，免除了那些孩子長大後可能會經歷地獄般的生命（可能還有來世）。這說法聽起來很麻木不仁（我也覺得自己這麼說很冷漠），是因為它的出發點只是「這個世界」。

同理也可以應用在大洪水上，因為當時人類已變得異常邪惡，聖經說：「終日所思想的盡都是

惡」，人類就像迦南人，只是比例增加到整個世界。人的邪惡使神非常憂傷，聖經說神後悔到幾乎寧願當初沒有創造人類。與其放棄整個創造計畫，神找到一個值得挽救的人挪亞，祂決定把挪亞當成新的亞當，重新創造人類。可以說，當存在比不存在更糟時，神決定放棄祂給人類的禮物——存在。這就是祂在大洪水中所做的。這是神為了能與人分享永生、愛與喜樂的大計畫所做過最極端的事。

最後，簡短的回應你關於舊約作者的問題。爸爸，容我再次強調，作者是誰並不會改變聖經是受神感動所寫成的事實。在我看來，證據顯示摩西是舊約前五卷書的主要作者，很明顯的，如同福音書的作者，摩西用了在他的時代之前的資料，並且有一些資料是在書卷完成後再加入的，但是這有什麼關係呢？假如摩西只是個有名無實的作者，是否代表耶穌根據傳統稱之為「摩西五經」就是錯誤呢？我想不是的。箴言、詩篇或其他任何一卷書也是同

樣的情形。沒有人相信所羅門親手寫出箴言中的每一句話，但他是古老閃語（Semitic）智慧文學傳統的代表，所以將所有的作品都歸在他的名下。大衛的詩篇也是如此，有些詩清楚說明作者不是大衛，但是作品的整體被稱為「大衛的詩篇」，因為大衛是古老閃語詩篇寫作傳統上的代表。

爸爸，希望我解決了一些你的提問，我覺得你的許多問題來自你誤解了聖經的用意，即使對基督徒而言，這也是很普遍的誤解。一旦有了正確的觀點，我相信這些問題相較之下就不重要了。

爸爸，我鼓勵你像我以前一樣，對這一本神啟示的書令人費解之處要有耐心，打開你的心門，讓神的力量改變你。聖經真是神的啟示，如果你願意，它會帶領你建立一個與救主的關係。

**永遠愛你、滿懷希望的
葛雷格**
1990 年 11 月 6 日

難道不是天主教
把聖經彙集起來的嗎？

21

親愛的葛雷格：

讓我再一次告訴你，我多麼以你在世界盃錦標賽的表現為傲。但願這次比賽沒有對你造成永久性的運動傷害，也希望最後你能把這股瘋狂逐出體外！很遺憾你們一家人不能南下，我們實在太想念你們了，真的很盼望你們能來。不過，我們能體諒你們的難處。等我們中了州政府的樂透時，珍妮和我一定可以讓你們全家每年都飛來！

至於神學，葛雷格，我真的不想承認，但你所說的開始有些道理了！我也發覺到很多有關基督教令我想不開的事情都源自於兩個錯誤：天主教教會和電視上的「菜」牧師（我偶爾會看看，純粹為了好笑）。你對聖經的那套講法驅除了許多我腦中有關聖經的迷霧，我還是不怎麼喜歡神在舊約中的形象，不過因著你給我的一些觀點，我現在比較願意暫停論斷了。

　　而在我一讀再讀你上一封信時，另一個問題浮現出來。在我還是天主教徒的那段日子裡，他們教導我新教徒單靠著一本聖經，所以走偏了，因為聖經是由教會把它彙集起來的。難道不是天主教教會決定哪一卷書可以放進聖經，哪一卷不可以嗎？他們不是在第五世紀前後做了這事嗎？當時牧師教導我們這些事，是為了說服我們相信新教徒欠天主教徒一份情，因為是天主教先弄出整本聖經的。

　　我還是搞不懂，如果聖經是神的話，怎麼會這

樣呢？我的意思是，為什麼要花那麼長的時間去決定，神怎麼可能將這麼重要的決定交給那些自私自利的壞蛋呢？我還聽說過哪幾卷書是神啟示的，而哪幾卷不是，實際上是交給天主教會議投票表決！這種建立神話語的方式似乎不怎麼神聖。你怎麼知道他們對不對？說不定有些「不好」的書卷也放了進去？說不定一些真是神啟示的書卷卻被遺漏？

天主教徒與新教徒不是還在為這些事爭論不休嗎？為什麼天主教的聖經比新教徒的聖經多了好幾卷？而且雙方都聲稱自己的聖經是「神的話」！對我來說根本不合理。

儘管你對基督和聖經的陳述令我歎為觀止，只是在跳上你的信心之船以前，我還有許多要跨越的障礙。

全然愛你的老爸
1990 年 12 月 11 日

親愛的爸爸：

　　希望你和珍妮有個愉快的聖誕節。再一次抱歉今年不能和你們一起共度聖誕，明年一定要。我們從一月起就開始每個月存錢，絕不讓任何事阻止我們。不僅是我們想看看你和珍妮，孩子們也想去迪士尼樂園玩。

　　當我知道你開始覺得基督教義看似有理時，簡直無法形容我有多高興。爸爸，我一直告訴你，你是神已鎖定的目標，祂一定不會放過你的，在聖靈和我的努力下，你絕無逃走的機會。

　　回到你的問題，我擔心你又有些錯誤的資訊，或是你誤解了關於聖經編錄的過程。沒錯，聖經的正式正典直到第五世紀才編出來，一些有影響力的人直到那時，甚至許久之後，還一直為聖經中的幾卷書爭執不休，這點你是對的。但是絕大部分的新約是在第二世紀就被收入正典。我們從早期教會的

牧師引用新約為權威性的書卷可以看出，從早期教會到第三世紀，牧師們所引述過的聖經話語，可以湊出超過百分之九十的新約聖經。

大家會開始擔心一個公認的聖經正典，主要原因是第二世紀的異教徒馬西昂（Marcion）整理出一套他自己組合的異教正典。馬西昂痛恨猶太人，也恨舊約聖經，所以自創了馬西昂基督教派。他把舊約聖經排除在外（他說那是邪惡的神寫的），只承認新約聖經的片斷。他將新約聖經重新裁剪拼湊，以配合他偏離正軌的教義。

馬西昂的作法開始受歡迎之後，迫使教會必須提供正式的教導，告訴教徒如何分辨真正的新約聖經。這不是要建立新約聖經，而是必須對抗錯誤的教導，所以公布了正式的聲明。我們所知的第一部正式收錄的正典是約在西元一百七十年完成的穆拉多利經目（Muratorian Canon），這部正典和現在大家所用的聖經幾乎完全相同。

爸爸，新約聖經的書卷從一開始就被有信心的人所接納，並沒有什麼矛盾。這些書卷在所有的教會中被傳閱，漸漸形成一套書，就是大家公認的新約聖經。因此，非正式的正典最先形成，然後發生了如馬西昂的爭議，接著才有正式的聖經正典，正式正典中沒有加添任何原來不存在的書卷。

再來回答你所問的問題：如何確認所有正確的書卷都被收錄，而所有錯誤的書卷都被刪除呢？恐怕我無法提供確定的答案。我無法排除理論上該被刪除的書卷留在新約的可能性（馬丁路德就曾懷疑雅各書應當刪除），也無法排除有些書卷受神啟示應被收錄卻不在新約聖經中的可能性。

但我既不擔憂更不為此失眠，有三個原因使我晚上睡得安穩：

第一：我相信在制定新約正典的過程中，必有神的保守。如果神費了那麼多時間及工夫道成肉身來拯救我們，我相信祂必看顧整個制定新約正典的

過程，使得耶穌一生的資料得以流傳下來。耶穌答應祂的門徒，聖靈必會引導他們，全世界將經由他們的話語相信神。如果書卷真是神啟示的，我相信神必定會確保書卷收錄在聖經正典中。如果書卷流失了，我相信它必定不是關鍵性的書卷。

第二：對早期教會來說，將所有神啟示的書卷集中到一本正典中，並不是一件簡單的工作。這些人為了他們的信念而死，他們確定自己所相信的是從神的口中說出的，沒有人願意為了謊言而死。所以他們使用嚴格的標準來看這些書卷，誰寫的？何時寫的？內容和其他已被公認是神啟示的書卷是否符合？教會是否一開始就接受這些書卷是神所啟示的？神是否有改變人的力量等等。他們比現在的我們更有能力回答這些問題，且他們犯錯的代價比我們要高得多，所以我很樂意順從他們的決定，更何況這些書卷在歷史上還留下許多基督徒的見證，他們相信書卷是神所啟示，而且改變了他們的生命。

如果有一天我碰巧發現某卷書有錯誤，或是認為書裡的錯誤多於我的錯誤，那是我太自大了。

最後一點，即使我們不接受在早期教會具爭論性的少數幾卷書信（也就是直到第五世紀前不被教會一致承認的書卷），對新約聖經也無多大損失。新約聖經已形成了一座巨大的歷史遺跡，即使除去其中的幾塊石頭，仍完整無缺。例如：彼得後書受到爭論，因為其風格與彼得前書大不相同。這點很容易解釋，因為彼得自己在彼得前書五章12節裡告訴我們他得助於西拉。即使我們刪掉彼得後書，對結果有影響嗎？同樣的，約翰二書與三書、雅各書、希伯來書及啟示錄也是如此，它們都是好的經卷，我很高興它們都被收在聖經正典中；重點是它們存在與否並不影響救恩的中心信仰。

所以，若要將第五世紀新教的聖經歸功於天主教會就錯了。如果我們以教宗的沿襲來定義天主教會的話，天主教會是否在第六世紀前（可能更晚）

就存在，仍舊充滿爭論。

　　天主教和新教聖經的不同與新約聖經正典完全沒有關係。兩者間的不同是因為馬丁路德於十六世紀脫離天主教會，在此之前有另一本經書，稱為新約外傳，補充正式的聖經正典。教會領袖對這本書持有不同的意見，有人覺得它的地位相當於聖經，有人則不以為然。這本書包括在聖經中的「教導」作品，但在權威性上則不及聖經的其他部分。

　　路德脫離天主教會後，新約外傳的曖昧立場因為許多原因需要釐清，其中一個主要原因是天主教領袖要引用這本作品來支持路德所不承認的天主教義（例如：煉獄），由於路德堅決反對將新約外傳收進聖經正典，迫使天主教會走向另一極端——就是堅決承認新約外傳。兩者的立場在教會歷史上都是「新的」。

　　至於我，爸爸，是與路德站在同一陣線，就不再詳細解釋我的立場。我只簡單的說：（1）耶

穌和祂的門徒從不曾提到新約外傳的權威性；（2）新約外傳有些地方似乎否定新約聖經的教導；（3）早期教會的牧師極少引用新約外傳為有權威的文件；（4）整體而言，我認為新約外傳的品質比聖經正典遜色許多。

　　如同聖經正典中的書卷被早期教會質疑，我也不會為這件事太過憂慮。書中的內容並不影響基督教義，我甚至不反對認同宗教改革前的新約外傳觀點。雖然我個人並不認為如此，但如果有人覺得這部作品有啟發性、教導性，並能改變人的生命，那很好，就讓每個人自己決定吧。爸爸，整件事要強調的是圍繞聖經周遭有些不重要的問題，它們永遠不會影響聖經的中心內容及重要訊息。我鼓勵你開始讀聖經，或許你可以從福音書開始，特別是約翰福音，先將不重要的問題擱置一旁，聽聽聖經在對你說什麼，讓聖靈經由經文幫助你的心聽到需要聽的。

爸爸，整本聖經的目標就是帶你進入與耶穌建立一個愛的關係。一個人經由聖經與耶穌相識、相知，聖經便是活的了。

滿懷愛及希望的
葛雷格
1990 年 12 月 28 日

21
難道不是天主教把聖經彙集起來的嗎？

22

親愛的葛雷格：

　　希望你的新年有一個好的開始。非常謝謝你上封來信，它釐清了我對聖經是怎麼形成的一個最主要的錯誤觀念。對於挑戰權威我仍舊有些困難，基於聖經明顯是毫無計畫的「官方」湊合結果，對於這本書應有的權威，我還是難以苟同。為什麼神不乾脆把聖經從天堂丟下來？不過，知道聖經不是某個教會的產物，起碼有點幫助。

近來我發現的問題又回到我上封信所提出的問題。如果聖經是神的話，為什麼那麼不清不楚？你可能會說它並沒有不清不楚，但如果真是那樣的話，為什麼會有那麼多不同的解釋？我的意思是，光是美國就有超過一千兩百個不同的基督教派！每一派都聲稱擁有「正確的」聖經觀點，這怎麼可能？難道神不能說得更清楚一點？一個沒有神學博士學位的人又怎麼知道到底誰是對的？

告訴你太太和孩子們我愛他們，希望很快收到你的回音。

非常愛你的老爸
1991 年 1 月 16 日

親愛的爸爸：

　　爸爸，如果你以一半嚴謹的質疑態度來做基督徒，會是一個了不起的神學家！我認為你不曾錯過任何一個反對基督教的意見。

　　基督徒的不合一是每個基督徒拔不掉的一根刺，在耶穌傳道的末期，祂為所有的信徒祈求，希望他們合而為一，好讓全世界都知道祂是神差來的，可惜我們今日的不合一甚至傷害到耶穌是救主的見證。

　　基督徒不合一並不是因為聖經模糊不清的結果，而是因為教會仍有許多罪的結果。爸爸，絕大多數教會的歧見都是來自驕傲、狂妄自大、貪心與權力慾，而不是對聖經有不同的解釋。簡單的說，基督徒是罪人，他們的缺點是妨礙了神的工作，優點是你我才得其門而入。假如基督教會是個神聖的俱樂部，我早就被踢出門外了。

這些事都不足為奇，聖經中神所成就的事，不都是經由弄巧成拙的人做成的？聖經說：「神揀選愚拙的讓有智慧的羞愧，揀選軟弱的讓強壯的羞愧」（哥林多前書一章27節，我的解釋），所以亞伯拉罕是神所喜愛的人，然而他做了什麼？他兩次叫妻子和一個陌生人上床來保住自己的性命！這種人也配當「神所愛的人」！聖經說大衛「合神心意」，所以他與有夫之婦發生關係，使她懷孕，又殺了她的丈夫，好與她結婚以掩飾罪行。好個「聖人啊」！還有以色列這個「神的選民」，在整個聖經歷史過程中不斷的悖逆神，追隨假神，經常成事不足、敗事有餘。再來就是我們現今看到的教會，依舊沒有任何改變，不是嗎？

　　爸爸，這些例子指出一個重點，保羅曾寫道：「因為神將眾人都圈在不順服之中，特意要憐恤眾人。」神用一個隱祕的溝通方法，向我們證明宇宙間的真相：我們都是罪人，都需要神的恩典。沒有

什麼比「神的子民」的罪行更加明顯，但神在他們身上的恩典也更加確切。從亞伯拉罕、大衛、以色列以至於教會，如果神能拯救這些罪人，那我們就更有希望了。當神創造的原意已經達到時，神將用祂那永不止息的憐憫來面對人類的抗拒及罪行。抗拒及罪行越深，憐憫就越發彰顯。因此，神經由罪惡的教會成就祂的工作。

大多數基督教會的分歧都是因為人的罪，如果我說所有的分歧都因人的罪，我就是在逃避你的問題了。還有兩個原因造成教會的分歧，然而這兩個原因都不能打擊聖經的明確度。

第一：每個教會對待聖經的態度都不相同。自由派教會並未確定的將聖經看為「神的話」，如果他們不同意，可以任意否定聖經中的某部分。基要真理派剛好是另一個極端，他們最怕聽到「自由派」的言論，基要真理派不按歷史解讀聖經，他們企圖把聖經當做一本二十世紀的律法書。

還有天主教視聖經為三個權威之一，教宗和教會傳統是另外兩個權威。東正教和天主教看法雷同，兩者的差異是東正教不接受教宗。另外，還有福音派教會，他們和基要真理派很像，視聖經為「神的話」，然而他們認為應依照歷史背景讀聖經，聖經不是一本二十世紀的律法書。

這些不同的觀點顯然妨礙教派間的和諧與合作，你大概可以從我的信中猜出我是福音派。和自由派不同的是，我對聖經的態度是學習耶穌的好榜樣，因為我稱耶穌為救主，所以我不能輕易否定聖經中任何一件事。和基要真理派不同的是，我注重聖經的歷史性及其價值。你也知道我並不反對在傳統的聖經中發現新的資料，或者如果證據充足時，聖經中某些部分不需逐字直譯。和天主教和東正教不同的是，我看不出有任何理由接受聖經以外的任何事物，並將其看成與聖經有同等的權威性。

這些不同，不是因為聖經經文本身的不明確。

依我的猜測，應該來自於不同歷史、文化的影響，使人對聖經的定位有不同的了解。

第二：不同的團體對某些聖經經文也有不同的意見。例如：聖經教導領受聖餐時的杯和餅，是耶穌的血和肉的象徵，還是真有其物？聖經有沒有教導受洗的應是嬰兒還是成人？聖經有沒有教導教會的管理應是由上至下的階級制，還是由下至上的會眾制？在教會中應不應該說方言等等。除了從不同的觀點看聖經之外，對聖經內容的不同解釋，也使教會之間有所差異。

我可以提供你我在神學上持某些論點的理由，但是比知道這些理由更重要的是，了解這些不同和新約聖經的中心思想完全無關。新約聖經清楚明白的說：「耶穌為我們死，是相信祂的人的救主。」

爸爸，得救與否不在於一個人對聖餐或教會體制的看法。得救是因為他與耶穌的關係，不管他是自由派、基要真理派、福音派教會，不論他信嬰孩

或成人洗禮、階級或會眾制等等，神的話最起碼在基督的中心信仰上十分清楚。聖經沒有事先回答許多引起教會爭議的教義問題，這不是聖經的錯，如果聖經沒有回答我們提出的每一個問題，那也不是聖經的錯。如果因受到歷史、文化的影響，人們對聖經有不同的看法，仍舊不是聖經的錯。只要一個人打開心門，他就可以聽到聖經中他最需要聽的。

又到了每封信都說到的重點，爸爸，將你的問題暫且擱下，先考慮你和耶穌的關係，這關係帶給你的真理和生命，不可和其他問題相提並論。當你進入這個關係並在其中成長一陣子之後，如果你仍希望，我們回頭再來談這些問題。沒錯，這些問題很重要，但是它們沒有「救恩」。現在，我只希望你能得救，爸爸，你離救恩只差一個禱告了。

為你禱告、愛你的
葛雷格
1991 年 1 月 24 日

其他宗教的「聖書」
又是怎麼回事？

23

親愛的葛雷格：

很高興上週和你通電話。聽到你們一家都感冒，很為你們難過。你可知道住在佛羅里達的人從來不生病，我確定這裡有很多學校樂意聘用你。葛雷格，何不聰明點搬過來吧？

我告訴過你，當我從你上封來信中看到你一直提到教會的罪時，我有一點訝異也有一點感動。在我的印象中，基督徒常常都在粉飾他們聖潔的形

象，但只要有半個腦袋瓜的人都會識破。看看那個傑米·史華格（Jimmy Swaggart，譯註：美國有名的電視牧師，曾鬧出性醜聞）事件，我常拿這個做為證據，再一次證明教會的信息不可能是正確的，不過你幾乎讓我擺脫了這個假設。如果神把我們都是罪人的信息透過教會傳達給世人的話，那祂做得真漂亮！

不過，我想你恐怕還沒有減少聖經必須承受的責難：基督徒對聖經的觀點總是不同。難道基督徒只有在受洗之類的問題上才有不同的看法嗎？當你剛成為基督徒時所屬的那個團體，不就認為三位一體是錯的嗎？經常在這附近活動的耶和華見證人教派不是說耶穌不是神嗎？這些看起來都是相當大的歧見，然而他們都聲稱是「根據聖經」。

這把我帶入一個更基本的問題，所有的宗教都有他們自己的聖經，不是嗎？你怎麼知道你的聖經是唯一真實的呢？不可否認的，他們也有他們自己

的理由，支持他們所相信的那本「聖書」，就像你也有自己的理由去支持你所相信的聖經。所以你怎麼能說你的聖經才是唯一、真實的聖經呢？在我看來這是一個心胸狹隘的態度。

好吧，就寫到這裡。兒子，好好照顧自己。

很愛你的老爸

1991年3月4日

親愛的爸爸：

　　難道佛羅里達的人從不會生病嗎？我以為他們常常中暑呢！我倒寧願偶爾流流鼻涕。

　　回到你的問題，你說得對，的確有少數宗教團體將他們自己和傳統的基督教區隔開來。他們對聖經有不同的解釋，甚至不承認基督教義的中心信仰，我們通常稱他們為「異端」。通常他們的獨特之處，就是分辨他們的地方。在任何時候，當有人宣稱有「新的發現」、「新的真理」，而且這些新發現、新真理在教會歷史上從未見過，特別這些新發現、新真理和信仰的重點有關聯時，我們當懷著警戒的心。這些異端多半都建立在這樣的假設上。

　　這樣的發現當然並非全然不可能，然而貫穿教會歷史，其中有不少出色的學者及相當屬靈的聖徒，如果說這些人全都忽略了救恩的重點，那麼他們必須提出強而有力的證據，也需要充分的證據使

人相信，神竟然會允許祂的教會一直在錯誤的基本觀念中存留這麼久。

沒有一個異端教派能真正做到有新發現的地步。事實上，反而可以看出他們對聖經缺乏了解或是有怪誕的了解，否則他們不可能不懂讀過聖經的人都很清楚的觀念。這些人的出發點就是想成為信仰中的佼佼者，他們想做出與眾不同、別出心裁的事。我在一九七〇年代參加的教會就有這種心態，所以會偏離正軌。

但是這一切都不能歸咎於聖經。如果有一個人沒看懂莎士比亞的著作，卻想出風頭創造出一個關於《馬克白》（*Macbeth*）的荒謬新詮釋，我們總不會怪莎士比亞吧！

至於其他宗教的「聖書」，我只說三件事：

第一：只有少數幾個主要宗教有號稱「神的話」的經文著作，像印度教及佛教等的「聖書」。大多數宗教的文學，都被信徒視為神聖、智慧的，

但並不是沒有錯誤。對這些作品，我的態度是閱讀時自己必須分辨，書中的「神聖智慧」有多少？結果是有時有，有時沒有，即使這些宗教的信徒也會如此表示。

第二：關於其他有「對立聖經」的宗教，我認為最合理的態度就是從已知推向未知。例如：我知道我為何信基督，我為何相信聖經，聖經對我的生命做過怎樣的改變，這是我的出發點。當我用這些來判斷「對立聖經」時，得到的結論是那些書和我的聖經在基本觀點上不符，那些「聖書」就不可能是神的話。很多宗教書籍可能都充滿人的智慧，對我而言它們不像聖經充滿耶穌的說服力。

你問到這些宗教團體難道沒有理由相信他們的聖書？

那讓我們看看吧！我讀過伊斯蘭教的書，企圖尋求古蘭經的啟示，也讀過摩門教的書，尋求摩門教的真理。老實說，並不吸引我。伊斯蘭教的書沒

有如復活或聖經預言應驗等無法駁倒的特質，更重要的是，這些書和聖經的基本真理相互牴觸。那些使我相信聖經的理由，也就成為使我不相信這些書的理由。所以，它們非但沒有值得相信的理由，更有足夠拒絕相信的證據。

第三：爸爸，對於有這麼多自稱是「神的話」的書，你不覺得驚訝嗎？至少，這表示人多麼需要神的話。當一個飢餓的人沒有食物可吃時，他會用想像力創造出一頓飯。魯益師說：「神話指向現實」，神話表達的是人心中所渴望的現實。如果神的話確實存在，而我們在神的話不存在，或是不認識神的話的文化中，應會發現近似神的話但純屬虛構的作品。

至於你說這是思想狹窄，我並不同意。思想狹隘指的不是你信的是什麼，而是你如何信它。如果我拒絕考慮任何觀點、任何宗教書籍、任何我不同意的哲學思想，那我的確是思想狹隘；但是，假如

我的信念和其他觀點、其他哲學、其他宗教書籍不同，並不表示我思想狹隘。爸爸，無論你相信什麼，總會有更多和你意見不同的人。「真理只有一個，謊言則不少」。

聖經說：「但要凡事察驗，善美的要持守。」如果給予每一個啟示同樣的考驗，相信你會發現聖經必會鶴立雞群，它是唯一絕對的「神的話」。其他作品或許有高雅的文學與哲學價值，但它們並未傳遞人類最需要的信息──耶穌基督自己。

謝謝你繼續和我通信，我很高興有與你互動的機會。總有一天，我們會把你的一整桶問題清理乾淨，看到神從桶底對你微笑，並且說：「愛德華，我一直等著你」，我迫不及待那天早日到來。

滿懷愛及希望的
葛雷格
1991 年 3 月 15 日

關於基督徒生活
及教義的問題

所有非基督徒
都要下地獄嗎？

24

親愛的葛雷格：

你考察其他宗教「聖書」的解釋，我覺得蠻有
道理，但可能因為我是西方人，對聖經比較熟悉的
緣故，所以並不太滿意你的回答。對我們來說，即
使相信聖經是神的話比相信其他任何書是神的話要
合理許多，人們仍會依照他們的教育、文化背景去
相信其他聖書，我認為這是我的問題的核心。

這是否意味著這些人不能被拯救？這難道不是

所有「重生」的人所相信的嗎？這難道不是說這些不幸的人──也就是這個世界絕大部分的人都會被你那位無所不愛的神送進地獄？怎麼可以這樣呢？因為這些人和他們在什麼時候、在什麼地方被生下來，生在哪種文化背景，甚至他們變成怎樣的人，一點關係也沒有，然而這些事情卻是天堂與地獄堅持的事情，是決定一個人會抱持哪一種人生哲學的因素。不管我們實際上會擁有什麼樣的自由意志，它運作的範疇早被設定在這些因素的限制之內了。所以一個人的人生哲學或是你所說的一個人的救贖，絕不是我們可以「自由」選擇的東西。

我想我又回到先前的牢騷：神的公平性。如果邪惡存在我們這個世界的機率難以接受，那麼邪惡存在於永恆的機率應該更不可能接受。一個人怎麼可以因為他碰巧被生在某一個地方，就得為這個意外而下地獄呢？怎麼會只有一條通往神的正確道路，而有機會找到那條路的人卻寥寥無幾呢？異教

徒的小孩怎麼可以因為他不是生在一個基督教家庭而下地獄呢？

　老實說，葛雷格，我一直覺得有關基督教地獄的教義，以及相信所有不信的人都將下地獄，是整個基督教信仰裡最荒唐的觀點。也許你可以澄清一些觀點。

永遠愛你的老爸
1991年4月4日

親愛的爸爸：

　　你真的不會讓我輕易過關！你能不能不要打破砂鍋問到底，就直接接受聖靈的感動成為基督徒呢？別擔心，我只是開玩笑！說真的，我敬佩你追根究底的執著，也很享受這種與你對話的方式。

　　你再一次提出一個很好但也非常艱難的神學問題。我聲明在先，即使在傳道人之間，你的問題仍有許多不同的看法，所以如果你期望得到一個絕對的答案，勢必會失望。

　　如同我過去一再說的，面對這問題的方式，我是從「已知的、確定的」去推斷「未知的、不確定的」，從「清楚的」去推論「隱晦的」。你問那些沒有得著耶穌的人，他們死後何去何從？因為答案是「隱晦的」，所以我嘗試從「清楚的」來推測答案。追求真理時，有五個原則幫助我思考問題。

　　第一個原則：假如我有充分的理由相信聖經是

神的話——耶穌其人、預言應驗、親身經歷等等，那麼我必須承認神的啟示經由聖經教導超越我的理性思維。事實上，我理當期待這些啟示在某些方面會與我的理念產生矛盾。如果聖經的教導和我的理念在每件事情上都完全一致，我便會懷疑聖經是一本人性而不是神性的書。

最主要的，現實的無限與複雜不是我們有限的聰明才智能夠想像的。有億萬個變數影響神與人的互動，是我們無法理解的（還記得我在第十一封信中提出諾曼第灘頭小屋內的人，被夾困在雙方炮火之下的比喻嗎）。正因為我們對現實的視野極為短淺，即使有時從我們的角度來看並不同意神的決定，我們也必須完全的信任神，相信祂有至高的智慧做出正確的決定。因此，當我們覺得有些人不該去地獄時，或許那只是因為我們的視野與神的比起來實在「有點」狹隘的緣故。

第二個原則：我確信神在耶穌基督身上完全被

彰顯，這是新約聖經最關鍵的信息。耶穌說：「人看見了我，就是看見了父。」（約翰福音十四章9節）。因此，就如我對舊約中神的報仇的爭論，當我的理性與經由耶穌基督所顯現的神有矛盾時，我願意將我的看法暫且擱置一旁。從地獄的存在看來，或許祂真的是一位嚴厲、憤怒的神。馬丁路德曾說這是「神的左手」，是神不為人、也不為路德所了解的一面。但路德很清楚、很有信心的認為，基督徒都可以說「我所信的只有那位生在馬槽中，而且被人釘死在十字架上的神」。不論神會如何顯現，我確信祂不會是不同於那位彰顯在基督身上的神，儘管我也許要把自己對所有「彰顯」的論斷暫且「擱置」一旁。

　　第三個原則：當我思考你所提出的問題時，有一點我十分確信，就是沒有耶穌基督就沒有救贖。這在新約聖經中是再清楚不過了。除了透過認識耶穌基督、愛耶穌基督、相信耶穌基督之外，沒有人

能到天父那裡去；除了認識天父、愛天父、相信祂的兒子耶穌基督，沒有人能認識、愛、相信天父。這也是新約聖經中一再強調的信息。「因為在天下人間，沒有賜下別的名，我們可以靠著得救。」（使徒行傳四章12節）有罪的人無法靠自己努力而得救，唯有藉著耶穌基督的寶血才能被神接納。如果一個人得救，必定是因為藉著耶穌基督。

此外，我也相信第四個原則：有些人雖然並非親身或有意識的知道耶穌基督，最終仍然得救。我們知道舊約中的聖徒，像挪亞、約伯及麥基洗德等應該都在天堂，聖經甚至暗示他們不是以色列人。如果每一個去天父那兒的人都必須透過耶穌基督，這些舊約中的聖徒怎麼可能到天父那裡呢？挪亞、約伯及麥基洗德也和我們一樣是罪人，他們難道不與所有其他的人一樣都需要得救嗎？

爸爸，我能夠了解的唯一答案，就是耶穌基督在十字架上的犧牲有更大的涵義。如果舊約中的人

物，不論是猶太人或是外邦人都能夠與神和好，唯一可能的解釋便是主的寶血也拯救這些在自己無法掌控的情況下，沒有機會接受神的人。「藉由基督」與「相信基督」的意義可能並不完全相同。很顯然的，有些被基督寶血拯救的人，並不是有意識的認識祂。

我想那些早逝的孩童、心智障礙者以及並非因他們自己的過錯而沒能認識上帝的人，應該也會得救。上帝審判人，應該是根據他們的心，根據他們對真理之光的回應，以及隱含（或沒有）在他們內心的信念（馬太福音二十五章及羅馬書二章）。所以，老爸，祂是既公平又公義的神，人們不會「一不小心」下地獄。

最後，還有一點很清楚：那些沒有聽過或是尚未相信福音的人，他們的處境是極端危險的。雖然聖經中也有不少的例子，讓那些尚未接受福音的人仍然可以抱有一絲得救的希望，但是沒有任何保證

一定能得救。依據聖經的教導，我們必須迫切的去傳福音，因為每個人都需要聽到得救的福音！

是否所有非基督徒都會去地獄呢？我只能確定的說，凡不信基督的必被定罪，但並非看起來沒有基督信仰的人都會被定罪。

我能確定的是，相信耶穌基督以外的信仰都有去地獄的危險，唯有全然信神的人才有得救的確據。但兩者我都不確定他們失喪了。我知道在某些狀況下，對於舊約的信徒、孩童、心智障礙者來說，事實並非如此。所以我就將他們留給神來處理，祂會做出公平和公義的決定。

爸爸，盼望你能試著經由耶穌基督去認識這位真神，然後放輕鬆，全心享受和神的關係。如果神像祂在祂兒子耶穌身上顯現的一般，祂就會用最適當的方式來審判這世界，總有一天我們會看到祂的審判。你唯一需要擔心的就是不要成為用自由意志來拒絕祂的一員。

選擇祂、相信祂、接受祂成為你的救主！把地

獄的問題全然交給神去處理吧。

全心全意愛你的
葛雷格
1991 年 4 月 27 日

無所不愛的神，怎麼可能在永恆的地獄裡折磨人呢？

25

親愛的葛雷格：

我認為要我暫時「擱置」一些事情會比你困難一點，因為我不像你，還沒有百分之百相信耶穌是在地上的神，我沒法很快從我對地獄那麼多挑剔的問題中得到安慰。因為你已經藉著耶穌相信了神的愛，自然會專注於神的愛，而將祂的憤怒「擱置」一旁。但對我而言，葛雷格，祂的愛和憤怒是同等地位的，對一個表示懷疑時，就會懷疑另一個的真

實性。所以我得再討論討論地獄這檔子事。如果能夠想通這一點，我覺得會幫助我向前跨一大步，使我更能認同基督教信仰的合理性。

你上封信談到誰會下地獄的說法，讓我感到好過些，不過它並未觸及地獄本身，這真是最根本的問題。聖經對這個地方描繪了一幅夢魘般的圖像，它是一個充滿烈火、硫磺、黑暗、痛苦之地——而這些東西會持續到永遠！告訴我，為什麼要永遠折磨一個人呢？很顯然我們無法從其中學習到什麼「教訓」。這不是正確的處罰方式，在地獄裡的人根本不可能改善他的性格或狀況，所以這純屬報復，純粹的報應，十足的憤怒，只為了神的喜悅，竟將可怕的痛苦施加在一個人身上！

葛雷格，不要誤會我的意思，世界上有太多人下地獄是我不介意的——但得是暫時的。就算是我，聽希特勒尖叫幾百年之後也會煩，這「樂趣」難道不會逐漸消失嗎？而且，只要他已下過地獄，

我就會認為他已經為受害者付了代價，我只要殺死他就夠了。神為什麼不那麼做呢？為什麼還要繼續這種痛苦？為什麼不乾脆讓罪人脫離不幸？為什麼要為了折磨而折磨——而且是永遠的折磨？

還有一個相關的問題。我不明白當地獄在下面一直燃燒時，天堂怎麼還會是天堂？知道有數十億人陷在你下面的熔岩中承受永恆的煎熬，難道還不能澆熄你們「聚會的熱情」嗎？那位無所不愛的神實在應該去愛所有這些受盡折磨的靈魂！想想看，如果你有一個孩子沒能「過關」，你會有什麼樣的感覺？

對我來說，這簡直沒道理可言。葛雷格，我就是不能在這個節骨眼假裝「擱置」對這問題的論斷。神的性格還在我的生命中接受審判，這可是一個必須考慮的重要相關證據。

你的老爸
1991 年 5 月 12 日

親愛的爸爸：

　　你提出有關「地獄」的疑慮，真是再強烈不過了。我承認「地獄」是一個神學問題，我也理不出頭緒，但因我相信耶穌及聖經，連帶也相信耶穌和聖經對「地獄」的說法。如果只因為我想不通關於「地獄」的教導而拒絕耶穌及聖經，就太不合理了。況且我還得提出推翻耶穌及聖經在其他教導上的反證，那簡直要比地獄還糟糕。雖然我不全然了解，但還不至於完全不能回答你有關地獄的問題，畢竟我是博德家的人！我提出四點意見：

　　第一：很少有人真的按字面把地獄當成一個充滿火與硫磺的地方。聖經常用隱喻來形容一個地方，如果只照字面的解釋，這些隱喻會自相矛盾。例如：地獄被描述是一個完全「黑暗」的地方，也是「充滿火」的地方；地獄被描述為一個「洞」、「燃燒著硫磺的火湖」、受懲罰的地方，也是全然

毀滅之地。在地獄的人有時被描述為被逐出（天國）宴席的人、被「下到無底洞」的人、不聽話的僕人被鞭打，有時他們反抗悖逆，有時他們哀哭切齒（路加福音十六章）。

爸爸，你可以看到這些各式各樣的比喻所描述的情景都不一樣。我們不能依照字面把比喻當做是從不同角度對地獄的「寫真」，而依此想像描述地獄。這些比喻最重要的是告訴我們，地獄是個很糟糕的地方。事實上，「地獄」這個詞本身也是個比喻，「地獄」的希臘文意思是耶路撒冷城外的大垃圾場欣嫩子谷。聖經作者形容地獄的目的時，說地獄是宇宙的垃圾場，到地獄去的是被摒棄的人。地獄是那些自由選擇不活出神所希望的生活的人的終極命運。聖經中所有的隱喻都指向他們是糞土、被驅逐的、被火焚燒的。

第二：爸爸，把自己推入地獄的是人，不是神。聖經說：「神不願一人沉淪，乃願人人悔

改。」如果有人下地獄，絕非神的心意。如果有人認為神對人所受的痛苦存有幸災樂禍之情，是完全錯誤的。祂很明白的說：「惡人死亡，豈是我喜悅的嗎？」（以西結書十八章23節）是那些邪惡的人「不愛光倒愛黑暗」（約翰福音三章19節），地獄是人自己想去，不是神要他們去的地方。

的確，神「允許」這些人下地獄，但會如此是因為神給了他們所要的。爸爸，請你仔細讀羅馬書一章20～32節，保羅三次提到神任憑道德敗壞的羅馬人隨心所欲而行，神的審判是任憑那些罪人自食其果。還記得我們討論過人生取決於我們所做的決定，當人的心意已經無法挽回，最後神只好隨他們的意。「走你自己的路吧」，當神這麼說的時候，祂已把他們扔進地獄，任由他們自生自滅。

對於曾經被神的愛觸摸而渴望公義的人，這樣的下場是極其可怕的夢魘，但卻是那些自甘墮落的人喜歡的。看看那些沉迷酒精的人，他們愛杯中物

甚於自己的妻子、孩子及家庭，當他的家人不再管他、任由他喝個夠時，他算是得到他所追求的，但對我們這些正常人來說，難道不覺得那就是地獄嗎？當一個人有酒比沒有酒要快樂，寧願為酒捨棄一切時，象徵著他已經跌到谷底而不自覺了。他選擇喝酒，以為醉酒使他快樂似神仙，但事實上他的處境是悽慘、可悲的。雖然他得到他所想要的酒，卻是在地獄中享受這個「特權」，他被折磨，但那是他咎由自取。

那些耽溺自我、不接受神的罪人，神就讓他們得償所願。可惜的是，因此他們無法經歷到真正的生命。當一個人自行切斷那條唯一與愛及平安喜樂連接的生命線，他便逐漸淪落到一個完全沒有愛、沒有平安喜樂的處境。魯益師形容這是「一種不完全的存在」（a sort of existence which is less than existence）。他拒絕神，不符合神的旨意，他與神為他所做的計畫背道而馳，他的存在是一個悲劇的

死胎。

第三：如果地獄永遠沒有「逃生門」（我個人如此相信），那是因為門從「裡面上鎖了」（也是魯益師說的）。我再一次強調，這絕不是出於神的意願，而是出於罪人自己的意願。地獄之永恆，是因為罪人被永恆的非理性所糾纏，自己無法走出來追求一個正常、健康的心態。

爸爸，這樣看來，我不認為「地獄」的觀念是那麼的不可思議。的確，這是唯一符合人的本性的教義，如同我在過去給你的信中提到過，我們在一條路上走得越久，就越難扭轉方向。我們的個性難道不是隨著時間越來越定型？我們難道不是在漸漸塑造一個「永久」的自我嗎？聖經教導人的個性總有一天會完全定型，我猜想，分析人類的本性會得到同樣的結論。當那一天來臨，我們再也不能做任何決定或改變，就在一瞬間，天堂與地獄變成永恆。

神絕不會從罪人的永恆痛苦中得到任何快感，地獄的痛苦是罪人加諸自己的。我再說一次，永恆的地獄完全是人自己的作為及抉擇的後果。

爸爸，第四也是最後一點：經過地獄的刑罰之後，神為何不能憐憫那些人，完全結束他們的悲慘？祂只需要稍微行個神蹟，就可以賜他們「安樂死」，徹底毀滅一切。爸爸，你可能知道一些很有名望的福音神學家的確相信聖經正是如此教導！他們認為，根據聖經經文的分析研究，神最終會滅絕那些不屬於基督的。地獄的「永恆」指的是永恆的效應，而不是永遠的刑罰。這些神學家指出惡人會死亡、被毀滅、如糠秕燃燒……，他們不過是「人醒來後的一場夢」、「就歸於無有」。（詩篇七十三篇20節，俄巴底亞書16節）

從這個角度來看，神的審判和憐憫殊途同歸。神既判決那些邪惡的，又慈悲的將他們除去，免除他們在地獄中承受永恆的痛苦。

嚴格從理性觀點來看，我覺得這個說法蠻有道理，不過我對它仍然採取保留的態度。我想讓你知道，假如你相信以上的看法，並沒有不合乎聖經的立場，我認為這個論點是有可能的。

爸爸，如果你接受第四點「靈魂毀滅說」（annihilationist）的論點，很顯然你就不需要為天堂與地獄共存會破壞了天堂美好氣氛而擔心。如果你不能接受這個論點，那麼你的問題沒有解決，但我不覺得這是個無法克服的問題。

有許多不同的方式可以幫助我們理解，地獄的絕望不會給天堂帶來遺憾。魯益師和其他學者曾推測天堂與地獄的大小，應該與那裡居民的心靈氣質有直接關係。譬如：天堂的愛是開放的、寬廣的、包容的、可感染的；相對的，地獄是自私的、閉鎖的、狹窄的、缺乏空間的。對身在地獄的那些人而言，他們的感受應該就是地獄的寫照。對身在天堂的人而言，地獄實在太渺小了，以致連看都看不

到，所以他們就像「人醒來後的一場夢」。這不也是心胸狹窄和心胸寬廣的人的寫照嗎？

恐怕我沒有消除關於天堂與地獄教義的所有疑難，希望你覺得我所說的似乎言之有理。關於地獄最重要的一點，不是去了解它或解釋它，而是要逃避它！無論一個人相信哪個地獄理論，地獄如夢魘般的恐怖是真實的，是人類原本不該去的地方。對現今沉淪、墮落與敗壞的人而言，要避免被丟進地獄的唯一方式，就是緊緊抓住這位救主。祂是我們唯一的盼望。

或許你可以這樣想，如果耶穌寧願為我們死，好叫我們避開地獄，那麼地獄一定是個極其可怕的經驗！下重藥正反映出我們病情之嚴重。

滿懷希望並為你禱告的
葛雷格
1991 年 5 月 28 日

信心的跳躍——懷疑論父親與神學教授兒子的 30 封真實心靈書信

基督的生活不是無法活出來嗎？

26

親愛的葛雷格：

近來我反覆翻閱過去兩年我們的通信，我必須說我們真的有很大的進展！至少我自己有很大的進展！有些個早晨當我醒來的時候，還不太能相信自己真的嚴肅思考過所有這一切。然而當我坐下來將它們全部攤在面前時，我必須慎重的通盤思考，我還有許多問題、不同的意見等等，不過我可以開誠布公的說，一切都開始「聽起來是真的了」。我開

始認為自己幾乎度過整件事最困難的階段，我從未想過我會這麼說。兒子，謝謝你的堅持。

你對地獄的答覆實在很有用，那是我最大的障礙。我尤其喜歡你提到「神最終會滅絕不屬基督的」觀點。我對聖經了解不足，不能明白你在解經上所持的保留意見，但從常識來看，它卻有很多優點。我一直相信在某些情況下，安樂死是一件有愛心的事，比起讓一個人非得無窮無盡的忍受煎熬的作法，安樂死有愛心多了！它似乎是唯一有愛心、有公義的替代方案。讓一個人一直陷在痛苦中，即使在你修正後的觀點下讓他痛苦下去，只會讓我想到虐待狂。不行，一定要完完全全了斷它，我絕對可以相信那樣的地獄。

那個問題談夠了，現在我想換個話題。近來我一直問自己的不是那麼哲學的問題，而是很實際的問題。如果我想成為基督徒，我得知道自己會到達怎樣的地步。

所以我的問題是：神怎能期望人們符合祂的理想呢？我的意思是，我自認為是個相當不錯的人，一定會去幫助那些受到迫害的人，但我也知道我的生活並不是聖經理想中「聖徒般的生活」，事實上也永遠不可能達到這樣的境地。對我而言，聖經的理想完全不實用、不實際。

　　例如：耶穌不是說動淫念就已經犯了姦淫？拜託！一個邪念就讓人變成姦夫？誰能遵行這樣的標準？許多基督徒說自己可以，我才不相信。

　　聖經裡似乎還有其他各種「性」的困擾。神為什麼要為了手淫而殺人？那不是有點太過分了？神又為什麼要給我們這一切「性」的慾望，讓性那麼愉悅，然後又以祂的規條嚴格禁止我們呢？耶穌說人如果再婚就是犯了姦淫的講法又是怎麼回事？那就是為什麼我必須宣告前一次的婚姻無效，珍妮才可以留在天主教會的原因。這一切似乎都很不實用、不實際。

不過令我困擾的還不只是聖經僵化的性倫理，我記得一位牧師講道時提到耶穌說要「愛你的仇敵」，我心想這個命令將會毀了所有想要生存下去的國家！耶穌也說過，如果有人奪你的外衣，連裡衣也由他拿去，或是如果有人打你這邊的臉，連那邊的臉也由他打。拜託！我敢打賭全佛羅里達沒有一個基督徒真的會這麼做！

葛雷格，我心裡有一部分會說基督信仰是真實的，我應該相信；但另一部分的我卻說，不必浪費精神了，因為你永遠無法活出來。我寧願做誠實的罪人，也不要成為虛偽的「聖人」。其實這正是我一直無法踏進教會的原因，即使我真的成為基督徒，這可能是個問題呢！

如果可以，幫我解決這個問題，我會敞開心門的。

愛你和感謝你的老爸
1991 年 6 月 22 日

親愛的爸爸：

當我知道你開始接受基督信仰，我的興奮是言語無法形容的。爸爸，請永遠記得，你所相信的是什麼並不重要，你信的是誰才重要。過去兩年多，我們討論過許多不同的話題，就是為現在的進展鋪路。與神建立得救的關係，並不是靠解決疑難雜症，而是需要緊緊抓住耶穌，把祂當成你個人的救主，向祂告白你的需要，接受祂為你所做的犧牲，將你的生命交託給祂，僅此而已。這就是基督信仰的精髓，其他的都是從這裡延伸出去的註腳。

爸爸，你上封信說得完全正確！沒有一個人能在世上活出完美的基督徒生活——過去沒有，現在沒有，將來也不會有。你覺得我比你更能活出「聖潔的生命」嗎？相信你心裡應該很明白，這對你、對我都是不可能的。

爸爸，這就是重點。基督在道德上的中心教

導，就是告訴我們，靠自己的努力無法到神面前，因此我們需要基督做我們的救主。基督的一生就是與那些覺得自己很正直、可以靠自己在神面前站得住腳的人對峙，因為他們並不覺得自己需要救主。

那麼耶穌如何幫助他們呢？祂讓他們知道，若不倚靠救主，靠自己要在神面前稱義，他們必須做到什麼地步。譬如：法利賽人一向以他們不像其他罪人而自豪，但耶穌告訴他們：「你們要完全，像你們的天父完全一樣。」（馬太福音五章48節）他們如何能做到？同樣的，有些自以為義的人為他們沒有犯姦淫而驕傲，但耶穌告訴他們：「只要在心中對一個婦人動了非分之想，就已犯了淫亂罪。」（馬太福音五章27～28節，我自己的話）祂說的真是一針見血，因為每個人心裡都曾有過這種念頭。同樣的，那些義人自誇從未謀害過人，而耶穌對他們說：「凡向弟兄動怒，甚至只在心中罵他『愚蠢』，就已犯了罪，恐怕難逃地獄之火。」（馬太

福音五章22節，我自己的話）重點是，如果只靠自己，我們都「難逃地獄之火」。

聖經中還有許多這樣的例子，重點都是一致的，如果我們要靠自己的行為及努力站在神的面前，我們必須「完美」，因為神是完美的，任何的不完美都與神性無法匹配。良好的品格與操守在地上或許值得嘉獎，但對天堂而言，「相對上的聖潔」和「染毒癮的妓女」是沒有差別的。一個人必須像神一般完全公義，否則他的公義無法在神面前稱為公義。

爸爸，我們無法靠自己努力得到神的義，耶穌的教導就是要使我們有如此的認知。與神和好不在於我們「做了」什麼，也不在於我們外在的行為，否則我們會跟那些嘗試這樣做的人一樣完全無望。神的義是祂白白賜給我們的禮物，也是我們能得到神的義唯一的方法。這份禮物不需要付一分錢，也沒有附帶條件。神希望與你建立的關係，是無條件

的愛的關係，你需要做的只是承認你不能做什麼，然後單單接受神的禮物。聖經告訴我們，「律法」的最終目的就是把我們引到基督那裡，使我們「因信稱義」（加拉太書三章）。

爸爸，當我們聽到登山寶訓那無法企及的道德標準時，就高舉雙手向神承認：「我做不到，我放棄靠自己的努力，我是一個無藥可救的罪人」吧！研讀聖經有關的經文，承認自己的過錯，每個人都一樣，我們都需要一位救主，然後就單單的接受祂。爸爸，祂曾為你的罪被釘死在十字架上，使「罪」不再成為你與神之間的阻隔，唯一的問題就是你是否願意接受神這樣的犧牲。

在結束這封信前，先回答你提出的三個問題。第一：聖經中沒有任何人因為手淫而被神殺戮的記載。難怪天主教的孩子們在成長過程中總是擔心會遭雷劈！我記得小學三年級時，一位修女就說手淫會損傷腦，那時我還不知道手淫是什麼，只知道自

己絕不會做。

聖經從未提及手淫，你說的可能是俄南因為「遺精在地上」以致被神取去性命。這段故事看起來費解，不過跟手淫無關，是因俄南與嫂嫂同房時，不願盡做弟弟的本分為哥哥留後（創世記三十八章9節）。在那個時代，這對神來說是一件非常重要的事。無論如何，問題的癥結是他違背神的旨意而避孕，而不是手淫遺精。

第二：關於基督的道德在政治上的可行性。你說得沒錯，若我們以「左臉挨打，還要送上右臉」的心態治國，必然造成天下大亂。假如當初羅斯福和邱吉爾都如此做的話，我們現在就被納粹統治了。我先前說過，基督在道德教導上的主要目的，並不是要在這個墮落的世界建立一個全新、更多限制的社會制度；也不是在鼓吹應該用亂石打死犯姦淫的人；也不是從此禁止舊約中所允許的離婚；當然更不是說政府應該「送上另一邊臉給人打」。

耶穌的目的是讓我們看清我們的罪惡光景，祂高舉神的理想，引導我們走向十字架。如果我們能跟隨耶穌的腳步，祂教導的理想就可以達到。你說得沒錯，聖經的理想不切實際，以目前世界的混亂、道德的低落，我們認為最確實的選擇在某種程度上是有罪的，這是我們無法改變的現實。

我要回答你的第三點來結束此信。我猜你擔心一旦接受耶穌，便要放棄生命中的某些事情，你不確定自己是否做得到，甚至是否願意去做。我猜你像許多人一樣，認為做基督徒需要勉強自己做一些不想做的事，同時又不能做許多自己想做的事。

爸爸，恕我直言，你錯了。正因為你我都是罪人，我們做了不該做的，卻不做該做的，這都因為我們寧願隨心所欲、為所欲為，你知道我的意思嗎？這也就是我們為什麼需要這位救主的原因。如果我們真的能夠潔身自愛，甚至只要有潔身自愛的念頭，那我們只是偶爾需要一些溫和的「神的鼓

「勵」就夠了。但是我們需要的是那位救主，祂為我們受苦，並且在十字架上被釘死，祂既有能力又願意為我們做這一切的事。

爸爸，正因為我們的無助，無法靠自己站在神的面前，也無力改變生命，所以做基督徒就是承認我們需要祂。做基督徒不是去做你不情願做的事，而是讓基督來改變你去做那些事。爸爸，耶穌已經在叩門，你就請祂進入你的心中，讓祂愛你。祂不是那位等到你已經潔淨才到你身旁的神，祂將張開雙臂擁抱你，用祂全心全意的愛與接納來潔淨你。

基督徒的生活是無法靠自己的生活。爸爸，加入我吧！

帶著愛與希望的
葛雷格

1991 年 7 月 2 日

85

26
基督的生活不是無法活出來嗎？

27

另一個人的死怎麼可能使我得到赦免呢？

親愛的葛雷格：

抱歉近來回信比較慢。相信我，這絕不是因為對我們的討論越來越沒興趣的緣故。事實上，這反映出我回覆你每一封信都必須投入大量的思考。你上封來信實在複雜得難以想像，對於「律法」驅使我們接受救贖這個禮物的想法，真是一個革命性的概念！我這輩子從來沒聽過這種事，在某種程度上，它聽起來有點像把黑的漂成白的，就像一個

人說:「好吧，反正我達不到那麼高的標準，乾脆就說設定那標準的目的不過是為了顯示我做不到而已。」但是從另一個層次，也就是你對耶穌教導的解釋看來，又令我十分信服。它對一些我早已知道是真實的東西給了合理的解釋，只是任何人都不可能永遠達到基督的標準，那些說他們可以達到的人不是令人討厭的偽君子，就是自欺欺人。

目前我比較在意的是，如果你的解釋實際上就等於把黑的說成白的，那所有人（包括基督徒）都要下地獄！如果你說的不對的話，做對了也沒什麼大不了的。

不過我還有另外一個重要的問題需要答案。以往我們的通信中你一直說「耶穌為你的罪而死」，你的意思似乎是耶穌為了我的作為而受罰，藉著相信祂我就可以與神和好。以前我也聽過這種說法，但是從沒弄懂過，我就是搞不懂為什麼會這樣。一個在兩千年前死了的人會因此讓我得赦免？一個完

全公義的神為什麼會為了我的罪去懲罰耶穌，然後很清楚知道我仍舊罪孽深重，卻又讓我脫身？祂為什麼要這麼麻煩？一定有比較容易的法子才對。

和往常一樣，期盼你的回音。

老爸
1991年8月14日

信心的跳躍──懷疑論父親與神學教授兒子的 **30** 封真實心靈書信

親愛的爸爸：

真高興你花了這麼多心思在我們所討論的事上，別急著回信，儘管慢慢消化。你與珍妮近來都好吧，她找到新工作了嗎？

我非常喜歡你在上封信中提到有關耶穌教導的理想，祂教導的目的就是為了促使我們完全依靠神的恩典。其實這只是個大前提，很明顯的一點是我們這些世俗的人，似乎比那些有教養的宗教人士更容易接受耶穌教導的重點，因為我們知道自己別無選擇！像法利賽人，他們表面上維持光鮮的形象，以為靠自己就能成聖，憑他們的好行為必能贏得神的歡心。他們將耶穌的教導當成挑戰，為的是自以為義，越難做到的教導，他們就越努力。所以當他們聽到耶穌說：「要像神一樣完全」，他們的反應不是破碎自己，呼求神的憐憫，反而竭盡所能努力去做。對他們而言，得救與否全繫於此。

27 另一個人的死怎麼可能使我得到赦免呢？

這不僅是對基督教導的嚴重誤解，而且極具破壞性。如果一個人真的相信救恩完全取決於行為好壞，他必然會努力說服自己，相信自己的行為已達到神完美的標準，而活在一個蒙蔽自我的狀況中。然而每一個人都是罪人，罪不一定要在行為上表現出來，只要有不好的心思意念就有罪了。靠自己的努力達到完美，會使這般虔誠的信徒活在「自我欺騙」的世界裡，如你所說，他們不斷欺騙自己，因為他們要壓抑潛意識中認為無法達到耶穌的挑戰的想法。這也是為什麼遵行律法的信徒常常很膚淺，尤其是他們的領袖，比信徒更是有過之而無不及，因為領袖已經證明了在自欺欺人遊戲上的成功，他們會努力掩飾任何不合乎宗教形象的事，許多掩飾的作為已變成他們的潛意識了。

這是很病態的。因為這些人生活中的每一個問題以及需要醫治的創傷，都不能得到解決或醫治，所有情緒上或是精神上的問題都被看成控訴，都被

信心的跳躍——懷疑論父親與神學教授兒子的 **30** 封真實心靈書信

宗教的假面具掩飾。這樣做顯然帶來毀壞性的後果。史考特・派克（Scott Peck）說：「精神官能症是不願意面對現實的結果。」人或許可以暫時用粉飾外表來遮蔽現實，但久而久之，現實的真面目終究會曝光，這也正是為什麼律法主義者及教會經常功能不彰的原因。掩蓋的事沒有不露出來的，傑米・史華格就是一個再好不過的例子。

無論如何，很明確的是耶穌的教導核心與律法主義的作法完全相反。律法主義推崇個人努力的功效，以致否認內在生命中罪的現實。相反的，耶穌所傳揚的是要我們認清自己罪惡的本性，終止靠自己努力的想法。如果我們確實聽進耶穌的教導，救恩就成了。

當一個人知道不可能達到耶穌的完美時，當一個人放棄靠自己的努力去感動神時，當一個人終於明瞭在神面前的他，完全是因為神的作為，而不是自己的表現時，他便能自在的活出真實的生命。他

可以坦誠面對自己的過失、缺點，甚至罪過，他不需要偽裝自己。我的朋友傑夫（Jeff VanVondren）常說：「只有當事情看起來無關緊要時，才容易解決及改變。」每一位心理學家都會說這就是精神及情緒健康的要素！

總而言之，基督的十字架及神的恩典，讓我們可以放心的在神面前呈現出真實、健康的自我。在神面前無所謂好與壞的比較。爸爸，神的恩典被你描述得十分恰當，那真是一個「革命性的觀念」。

請原諒我的「說教」，因為我看到倚靠神恩典是基督教導中最重要、最常被誤解的教義。接下來我要轉到你問耶穌的死如何能赦免你的罪。

老實說我也不知道赦免是如何發生的。教會從來沒有給我們很明確的神學解釋，告訴我們到底如何藉著十字架的工作與神和好（所謂的「贖罪」）。不過我覺得這沒什麼好驚訝的。如果物理現實的基本構造不受我們推論的影響，那麼神憑藉

什麼來救贖世界的祕密，也沒什麼令人驚訝的了。不過，我還是想為你澄清兩件事。

非常重要的一點是要知道耶穌不只是在兩千年前為我們脫罪而死的「人」，也不是代替我們接受神懲罰的無辜「第三者」。事實上，耶穌「祂自己」既是神又是人；祂不但是那位被定罪的，又是那位定人罪的。耶穌從定人罪的變成被自己定罪！所以在這交換中並沒有「第三者」。爸爸，救贖只有兩方參與──全然聖潔的神和有罪的人，為我們死的耶穌既是神又是人。爸爸，這不是不公平，而是我們無法理解的愛。

其次，即使不解釋神的救贖到底如何發生，是否完全如福音書所說，聖經中有足夠的理由讓我們相信救贖的確發生了，而且正如所記載的，聖經也可以解釋為什麼祂要為我們死。

我相信以下三點理由可以幫助我們了解耶穌為什麼要為我們死。第一：神全然聖潔，祂與罪水火

不容。罪違反祂的本性，就如砒霜之於人一樣。又因為神是十全十美的，所以祂必然始終一致。如果神與祂自己的屬性有所矛盾，祂就不是完美的。所以神與罪勢不兩立，自始至終完全一致。

其次，聖潔並不是神唯一的屬性，神也是完全的愛。聖經說「神是愛」，祂因愛創造了萬物，雖然世界已陷入罪惡的深淵，但祂仍全心全意愛我們，要我們永遠與祂同活。

以上兩點帶出一個迫切的問題，也就是我要說的第三點：我們這些無可救藥的罪人，如何能被一位完全聖潔、又與罪對立的神所接納？我相信有兩個必要條件。

第一個條件是我們需要「贖罪」。罪不能無緣無故被忽略。（因為道德上的瑕疵，有時我們傾向忽視自己的過錯，儘管有時也常會為一些嚴重的過犯未受到懲罰而感到憤憤不平，覺得必須伸張正義！）

第二個條件是我們必須「改變」，直到像神一樣完全。如果贖罪及改變這兩者其中有一項沒有發生的話，我們的來生會像毒藥般被神丟棄。

　　所以，最重要的問題是這兩件事如何發生？聖經教導這兩件事都不是靠個人努力能成就的。我們的罪孽太深，我們甚至不願意為自己的罪付上代價。即使我們願意付代價，罪的代價是「永遠」的死。更何況罪性使我們不願改變自己，即使想改變也做不到。我們已習慣做罪惡的奴僕，缺乏追求完美的渴望，更別說想達到完美的理想。

　　以上兩個條件，一定得靠神自己而不是我們的努力才能成就。爸爸，這正是聖經說耶穌基督的生與死所做到的事。在基督裡，神的愛承擔了祂自己的公義。出於對人類的愛，耶穌為我們承擔了罪和罪的懲罰，以滿足祂的公義。神使那人成為罪人，「好叫我們在他裡面成為神的義」（哥林多後書五章21節）。在基督裡，人類的罪被贖，神也公正的審

判了那罪，因為基督既是神又是人。因此，人的罪被救贖，罪不再是神與人之間的問題。基督完成了讓我們與神永遠和好的第一個必要條件。

基督也完成了第二個條件，讓我們永遠改變。聖經說當一個人接受神藉著耶穌基督為他所做的一切，便會賜給他神的完全公義。保羅說：「惟有不做工的（想靠自己的行為贏得神的愛），只信稱罪人為義的神，他的信就算為義。」（羅馬書四章5節）爸爸，當你相信基督是你唯一的救贖盼望時，神不單饒恕了你過去、現在及未來的一切過犯（條件一），祂也將完全的公義賜給你（條件二）。神能持續不斷賜給我們完全的公義，是因為祂已經饒恕了我們的過犯。你將被賦予一個如神性般的本性，正如聖經說：「若有人在基督裡，他就是新造的人，舊事已過，都變成新的了。」（哥林多後書五章17節）

顯然這並不代表人從接受基督為主的那一刻起

就變得完美無缺。信的人得到神所賜的「新我」，一個與神的公義相稱的自我，但他仍活在過去習慣的想法、情緒及行為的「老我」之下，認同其他的事而不認同神。信的人得到神所賜的「新我」，但他的生活仍難免在某種程度上與新我有所對立。只有將來到了天堂，我們身上才能散發出神所賜永恆公義的光芒。直到那時，「老我」的謊言就一覽無遺了。信主之後在世上的日子，只是我們朝向這個結果的緩慢過程。

　　對於基督的工作，我還能說許多，可惜時間不夠。儘管讓我們與天父和解是十字架救贖背後的主要動機，但我覺得不僅是這樣。例如：聖經明言人墮落之後，世界便受制於撒但和牠的邪惡力量，但耶穌被釘死在十字架上，對撒但卻是致命的打擊（見歌羅西書二章14節及希伯來書二章14節）。此外，耶穌來到世上顯然是為了指引我們，讓神在我們面前變得可見，並做為完美典範讓我們效法，同

時完成其他工作。一石多鳥似乎很符合神的智慧，但此處沒有篇幅多談其他的動機。

爸爸，希望我說的這些對你有幫助。最後讓我再提一件事。基督的工作就像神在祂每個兒女的戶頭裡存了十億美元，讓他們白白繼承，祂希望我們每個人都成為祂的兒女。但是，爸爸，除非你親口表明自己是神的兒女，否則這筆錢只會擺在戶頭裡毫無用處。

所以，你必須先接受這個繼承權。神為人安排了美好的救贖計畫，但除非人接受它，否則只是徒然；但只要人接受它，就繼承了一切！就算你是罪人，只要相信，即刻就能站在神面前，擁有耶穌基督的公義，而且神在你身上看不到任何汙點！聖經說：「東離西有多遠，他叫我們的過犯，離我們也有多遠。」（詩篇一〇三篇12節）你可以歡欣、無懼的面對你的創造主，也是你的救主。

爸爸，我為你禱告，願你相信我所說的，並化

為行動，願你將這一切當作屬於你的真理，繼承神

的國！

獻上我所有的愛與希望
葛雷格

1991 年 8 月 16 日

28

我怎麼可能又聖潔又有罪呢？

親愛的葛雷格：

謝謝你對耶穌為什麼死而寫的小論文，它很有內容，也釐清了困擾我一段時間的問題。

葛雷格，你對神的恩典的解釋真的不太尋常，我幾乎認為它必定是全能神給你的啟示，因為我無法想像一個人居然會憑空想出那麼沒道理而且違反直覺的念頭！常識告訴我們一個人會上天堂還是下地獄，取決於他是好人還是壞人，我也一直以為基

督徒都這麼相信。你卻說這根本不是真的。我真的了解你嗎？會不會進天堂取決於是否相信基督，這絕對是突破性的想法！

我還沒有達到你所說的「從知道到行道」的地步，不過我想這是遲早的事，當我做出承諾，我知道那一定是真的，只是現在還不到時候。

目前，我對救贖這件事還有一個疑問。基本上是：我不明白，當認識我的人都知道我不聖潔時，我怎麼可能在神面前全然聖潔？神是瞎了還是怎樣？也許我誤解你了，你說如果我們要與神建立關係，我們的罪一定會被饒恕，我們也一定會被改變。我可以了解因著耶穌，神饒恕了我們過去的罪，但我不懂為什麼基督徒現在還會被改變。如果基督徒現在還沒有完全被改變的話，他們怎麼能完全配得上神呢？如果一個罪就會使我們與神隔絕，即使我過去所有的罪都已被饒恕，對我也沒什麼好處，因為我很確定自己每天都會再犯罪。

所以，葛雷格，我怎麼可能又聖潔又犯罪呢？

愛你的老爸
1991年9月12日

親愛的爸爸：

　　我很喜歡你上封信中的問題，你是否注意到我們之間的討論已經「換檔」了？我們不再辯論基督信仰「是不是」真的（護教學），現在的討論已進到「如何知道」基督信仰是真的（神學）。你的問題似乎更是從信仰中人的角度切入，這讓我非常興奮！就如你說的，只是「時間的問題」，我一直如此堅定的相信。

　　你問我們怎麼能夠既聖潔又有罪？我用一個比方來解釋。當上帝開始創造世界時，祂說「要有光」，就有了光，祂又說「使旱地露出來」，事就這樣成了。諸如此類。你看，神怎麼說就怎麼成就了。用哲學術語來說，神的話就是「本體功效」（ontologically productive），神的話創造了一切。

　　我們的救贖正如神創造宇宙一樣，神怎麼說就怎麼成就。神說：「愛德華‧博德，你過去所有的

罪都消失了。」你的罪便消失了！神又說：「愛德華・博德，你在我面前完全聖潔。」你便如祂所說的完全聖潔。

神的話就是事實、真理，沒有任何人能與祂爭辯。使徒保羅說：「神若幫助我們，誰能敵擋我們呢？⋯⋯有神稱他們為義了。」（羅馬書八章）因此，如果神說你因信稱義，你就是義人了。

重點是神說的救贖與神說的創造兩者有很大的不同。當神創造宇宙時，「地是空虛混沌」，沒有受到任何阻擋，只有虛空；然而，當神說到救贖時，有某種東西在抗拒。因為愛德華・博德已經存在，充滿舊的想法、習慣、情感等，從許多方面來看，這個「老我」與神所說的「新我」是對立的。

神不會滅絕「舊的」愛德華・博德，再造一個「新的」愛德華・博德。如果祂這樣做的話，祂根本不是在拯救「你」，而是創造另外一個完全不同的人；然而，神愛的是「你」，祂要拯救的是在過

去罪孽中的你。

　　因此神的工作是由內而外改造你、我以及每一個人。當你倚靠救主，祂宣告你的生命將永遠稱義，不帶任何汙點，這就是你最真實的一面。神不是把已經有的東西清除掉，只是將它們等同於「錯誤的」，而這些錯誤已經不再是你了，這就是所謂的「老我」的原因。隨著時間，「老我」漸漸會被「新我」取而代之。

　　於是，當我們相信基督的那一刻，就有了嶄新的生命。過去所有的罪都被十字架吸收，基督把祂永遠的公義歸給我們，我們的罪被饒恕，生命被改變。不過我們不是馬上在生命中顯明這個真相，習以為常的「老舊」（現在是錯誤的）想法，常常不能接受我們的罪已被饒恕。

　　習以為常的「老舊」生活習慣，抗拒神在我們內心造成的改變。被過去所有經驗、偏好、感受及雄心所定義的自我認同，仍然需要時間的淡化，直

28
我怎麼可能又聖潔又有罪呢？

到在天國裡，我們才能完完全全、毫無瑕疵的成為神所說的聖潔。

所以，一個信徒如何能夠既聖潔又有罪？若從重生的本質來看，他們是聖潔的，若從他們的想法、感受及行為來看，他們仍是有罪的；對神而言，從他們將來是什麼樣的人來看，信徒是完全聖潔的，但從他們目前的景況來看，他們是罪人；從神所定義的真理來看，他們是聖潔的，但從任何非基督的角度來看，他們是罪人；從在基督裡來看，他們是完全聖潔的，但從基督以外的自我來看，他們是完全的罪人。爸爸，你明白嗎？

基督徒好像是繭中的蝴蝶，蝴蝶的生命本是美麗、高貴、飛翔的，但他們仍被包在繭中，以致生命與美麗、高貴、飛翔的本性違背。儘管他們註定有一天要振翅高飛，但是目前他們還在生命的過渡期中，他們是蛻變中的蝴蝶。

爸爸，有一點很重要，希望你能了解，就是基

督徒要漸漸擺脫「老我」的束縛，不能靠自己努力，而是要讓神建立、增強我們內在的蝴蝶。得救的靈魂唯一的糧食，便是神的愛。同樣的，儘管我們目前仍在「繭」中，但是在神的愛裡，我們會得到更多來自祂的力量與動力，幫助我們破繭而出。當我們讓基督用這樣的愛來愛我們時，會越來越相信我們可以擺脫束縛，讓自己得到釋放，自由飛翔，而且心中越來越嚮往自由。

因此，千萬不要以為你可以靠自己破繭而出，你甚至不能靠自己嚮往自由。只有神的生命先進入你的心中，你才可能嚮往神的力量與鼓勵。生命的蛻變是救贖的結果，而非起因。

爸爸，你需要做的一件事就是讓神住進你的心，只要承認自己是沒有盼望的罪人，並接受耶穌成為你的救主。**讓神愛你、接受真實的你**。慢慢的，你會感到發自內心的渴望及力量，嚮往成為一個不同的人。你唯一需要擔心的，是讓神拯救你。

爸爸，為什麼還要遲疑呢？

希望這封信能讓你更清楚一些。

滿懷愛、希望與期待的
葛雷格
1991年10月3日

我怎能確定它都是真的？

親愛的葛雷格：

　　相信這陣子你們一家人都很好。我知道過去幾個星期以來，萬聖節的風雪把你們一直埋在雪裡！它挑起我很「不好」的回憶。這裡夏天的熱浪可能很不好，但起碼我不必為了剷除車道的雪而摔傷背！無論如何，說不出我和珍妮有多麼期待你們一家人在下個月的迪士尼樂園假期南下來看我們。

　　好了，回到我們的「辯論」。上封信中你談了

不少很深的神學，我不確定自己是否完全理解。我對你所說的重生本質以及我們如何「顯現」之間的區隔，有些難以掌握。或許問題出在它聽起來好得令人難以置信。我不知道。總之，我還是傾向於相信它。除非像你那樣的區別是真的，否則沒有一個人進得了天國。

葛雷格，這是我目前的處境，我想要相信，但發現自己很難真心這麼做。我的意思是，你為你的信仰做了一個堅如磐石的保護匣，並且你回答了所有我反對的理由和疑問，但我覺得自己好像仍對整件事感到疑惑，拿不定主意，我也不知道為什麼會這樣。你怎能確定那都是真的呢？我一直在想，也許我們錯失了什麼，也許在你的答辯中有些我忽略的謬誤，也許在你對基督的歷史學上的陳述遺漏一些相關的事實，或是還沒有發現到這些相關的事實，而它們一旦被查明後，卻可以推翻你的整個論證。為什麼其他有識之士，包括許多學者，不同意

你的論證，進而拒絕接受基督信仰呢？

我覺得自己正站在信心的懸崖上，還沒有冒險一躍的信心。我仍有一些懷疑，不知道你還可以多告訴我些什麼來舒緩我的疑慮，或許我只是需要更多的時間罷了。告訴我你有何建議。

非常愛你的老爸
1991 年 11 月 11 日

親愛的爸爸：

在我們通信期間，我真心感謝你的真誠，也非常敬重你的執著與正直。希望我也能像你一樣有著耿直、堅定的個性。

老實說，我們之間的討論到了我不知道該如何繼續的地步。我的護教學者角色似乎也該告一段落，如果你不介意是來自兒子的忠告，我想給你一些牧師般的勸導，以下就是我的幾個建議：

首先，對那些揮之不去的理性疑慮，我建議你不時回頭細讀我們過去的通信，有時候時間會降低許多論點的衝擊力，有些過去覺得很有說服力的看法，隨著時間可能被淡忘，於是再生疑慮。對很多不同的議題，我一直有這樣的經驗，當它出現時，我會回頭檢視那個論點，事實上有時我會發現過去被忽略的地方，議題便重新開啟，有時我只要對自己原以為真的議題再次確認其有效性。無論如何，

回頭檢視都會有所收穫。如果你發現一些被忽略的地方，我們一定要重啟討論。

再者，我想你可能對涉及信仰的確定性有所誤解，不管一個人信的是什麼，他能看到的證據絕對無法超越他所相信的，這也是為什麼我們稱之為信仰，而不是確定論。無論相不相信基督，人所相信的要比他能提供的證據更多，在理性層面上，無論信或不信，都有某種程度的風險。信或不信的立場，無法像數學那麼精確。問題不是哪一種信仰需要什麼證據，而是什麼信仰有最充分的證據。我相信，我想你也相信，基督教義的世界觀比其他任何一個選擇都好，即使你我都不承認這點，在邏輯上也無矛盾之處。

因此，要相信任何一件事難免都需要做個「跳躍」。爸爸，我想要你看到的是，你已經做了信心的跳躍。一個人選擇不相信，或即使只是暫時不做決定，都在冒一個巨大的風險，因為萬一他錯了，

後果可能不堪設想。打個比方，你正在屋內，外面有人大叫「失火了」，你會先仔細衡量當時的證據：是否聞到煙味？有沒有看到火燄等，你可以選擇相信失火了，所冒的風險是：如果是假的、是個玩笑，你跑出去就顯得很愚蠢；你也可以冒著被火燒到的風險選擇不相信，如果你暫時不做任何決定，仍舊面臨著同樣的風險。所以，包括不做決定的決定在內，沒有一個決定是「沒有風險的」。

再換個比喻，對我而言，人生好比搭火車，我們都在這列車上朝著懸崖加速前進。我們不知道火車何時會出軌，但都知道那是不可避免的事實。車上有些人說你的信仰能讓你死裡逃生，但其他人又說你將難逃一死。不知道有多少時間讓你做決定，唯一能確定的是時間有限。決定不做決定，也是一個決定，因為如果那些人所說的信仰是正確的話，一個人的生存將取決於他的信仰，因此你衡量每一個選擇可以找到的論證，考量每一個選擇及它的風

險——在這同時，火車正在加速，懸崖越來越近了，你將如何選擇？

爸爸，最理性的選擇應該是「相信」，因為證據夠強夠有力，相較之下，其他選擇的證據都太弱，而且不信的風險比相信的風險高太多了。巴斯卡在他著名的「巴斯卡賭注」中說：「如果你相信基督教，結果發現是假的，你沒有任何損失。如果你不相信基督教，結果是真的，你的損失則是永生。」顯然相信基督教是最佳賭注！

我再補充一點，信仰的不確定性對像你一樣未信的人來說，比像我一樣已經相信的人要大得多。因為一旦成為基督徒，接受基督為他的救主，開始培養他與基督的關係，信仰的確定性也就隨著增加，基督將變成他生命中的真實存在。一個人認識基督，不僅是基於證據，更重要的是基於他所經歷到和基督的關係。

爸爸，懇求你將生命的賭注壓在基督身上，或

許目前看來有風險，有一天你會發覺風險似乎微不足道，畢竟你沒什麼可損失，相反的收穫滿滿。

最後與你分享一點「牧者的」勸導。我相信你對基督信仰有所保留，並不是因為證據多寡的問題，而是因為這一切對你來說都還是新鮮的。基督信仰看起來好像「不真實」，因為你以前從未有過這樣的想法，信仰帶給你對自己及這個世界新的認識，也帶給你新生活的開始。所以，對信仰有所保留很正常，不足為奇。

爸爸，如果你能慢慢進入基督信仰的思想及生活方式，對你會有幫助，這也是賭注的一部分。你一開始就將手上所有的牌攤出來，因為那是你的最佳賭注，慢慢的你會適應基督信仰的真實性。

我會寄一些我想你會喜歡的基督教音樂錄音帶，希望你有空時聽一聽，它們可能會幫助你步入基督徒的生活。當你聆聽時，可以想一想歌詞，在心中將歌詞的信息譜成一幅畫，讓基督的美藉著音

樂進入你的心，你會發現自己逐漸愛上祂。

我也會寄給你一本聖經，以及一些屬靈讀物，幫助你在信仰上成長。我鼓勵你從約翰福音開始讀，慢慢的讀，細細思考，不用擔心很多不能理解的地方，讀懂多少算多少。屬靈的書也以同樣的方式去看，只要盡可能浸淫其中就行了。

我同樣建議你開始去附近教導聖經真理的教會。我知道你過去對教會相當反感，所以這件事可能要暫時緩一緩，不過能與有共同信仰的人在一起敬拜神，對你應該很有幫助。

最後一點建議，我鼓勵你不時的試著和神說說話。不需要很正式，我知道你過去無法接受天主教的形式化，只要像你平常和我說話一樣跟祂說話，可以的話（不必擔心這點），閉上眼睛，在腦海中想像耶穌的模樣，然後很自然的和祂說話。用輕柔的宗教音樂當背景，效果蠻不錯的。剛開始可能會有點奇怪和尷尬，但久了你就會習慣了。

爸爸，你可以用一個簡單的禱告來開始。聖經中的禱詞本身就是救贖，大致是這樣：

主啊，我向你懺悔，我知道自己是個罪人，我相信你為我的罪而死，使我能在天國與你一起享受永生。現在我願意接受你做我的主與救主，主耶穌，請你進入我的生命，幫助我做一個你希望我成為的人。

所有人成為基督徒時就是這樣禱告。這個簡單的禱告立即讓我們在天父面前變得毫無瑕疵。在你如此禱告的那一刻，就完美的來到神的面前，那是你在過去生命中都做不到的。爸爸，當你禱告時，你或許感覺不到任何異樣，但是聖經說所有的天使，還有神自己都會為你歡呼雀躍，而我一定會加入他們的慶祝行列！

爸爸，你的問題不是相信耶穌會有什麼風險，

而是你如何能擔當不相信的風險？爸爸，相信吧！

你絕不會後悔的。

　　我會繼續和你保持連繫。希望寫給你的下一封

信的結語，不再是「滿懷希望的」，而是「滿心歡

喜的」。

　　你知道我有多麼愛你。

滿懷希望的
葛雷格
1991 年 11 月 22 日

後記：最後一封信

我信！

在我一九九一年十一月二十二日的回信之後，父親和我的交談變成純粹以通電話的方式，我們各自主動打給對方許多通電話。在最後一封信之後的兩個月間，我也親自到佛羅里達看望父親，在那裡待了一段時間。基督信仰通常是我們最主要，甚至唯一的話題。隨著每一次的談話，父親願意將自己交付給基督的遲疑越來越少，我久候的那一天終於來到。一九九二年一月十五日，愛德華・博德「降

服」了，他接受耶穌基督成為生命中的救主。

　　以下摘錄自他寫給我的信，補充他轉變的經過：

─────────────────

親愛的葛雷格：

　　就像我在電話中告訴你的，我終於「一躍而下」。哈利路亞！當我坐在這裡，翻閱我們過去的通信，我仍不敢相信自己怎麼會從一個自以為是、自以為無所不知的人，變成一個真正的信徒！珍妮也不敢相信！可能連我們家的狗也感到困惑！你所說的那些為此事歡喜快樂的天使們，可能都會彼此舉手擊掌！你告訴安妮姐（愛德華的女兒）沒有？我打賭她一定會驚訝得不知所措。

　　回顧過去，當你說服我相信聖經的啟示，幫助我弄懂地獄的意義時，一切似乎真的開始為我改變了。我不知道為什麼會這樣，但我認為當時我真的

開始「看到光」。近來，我開始明顯感受到我的懷疑論案件終於敗訴了。我記得自己一度迷惑，有一點害怕，但是當認識到這一點時也很興奮。如非你的堅持，這一切都不會發生。兒子，我要你知道，我愛你，也感激你所做的一切。

你知道我還有很多問題，而我確信我們會繼續做充分的討論來解決它們，不過我整個人已經完全改變了。我不再以懷疑者而是以信徒的身分來發問，你不必再在信的結尾寫上「滿懷希望的」。

保持連絡也繼續為我禱告。近來我讀了很多聖經，它開始有些道理了。寄一些凡是可以幫助我的資料來，我都會很感激的。禱告對我而言仍有些困難，不過我知道隨著時間也會有所進展，對此我一點也不焦急。我已經被饒恕了。

非常愛你，有信心的（！）老爸
1992 年 1 月 21 日

感謝

當父親決定接受基督，我欣喜若狂，卻對他歸信後的生活轉變不是很樂觀。七十三歲的他比大多數歸信基督的人都老得多，而且他總是固執己見。

然而我的悲觀真是錯得離譜。不僅如此，上帝的聖靈在我父親人生最後十一年，對他造成的轉化之大之深，我再怎麼形容都不及於萬一。

其中一大改變就是我父親變溫柔了。信主前的愛德華‧博德很少表露情感，尤其在公開場合更不可能。但信主後的愛德華‧博德變得真情流露，甚

至只要在我寫給他的信裡聽到有人歸信基督，他就會喜極而泣——而這十一年來，他聽過不下數百次！

信主還為我父親帶來另一個大改變。過去的書信往來，讓我知道信主對父親絕非易事，儘管後來他相信了福音的真理，但我心想自己得時時協助這位不可救藥的理性主義者，才能讓他保持信仰。結果我錯了，父親幾乎一信主就和孩子一樣，對主懷抱著深刻而美好的信心。當他三度中風，全身幾近癱瘓，我到醫院看他，跟他說我想指派一項任務給他，而且是我指派過最重要的一項任務。我說，既然他復健期間時間很多，我想要他全職擔任我專屬的「禱告勇士」：每天從早到晚他都必須為我、為我的妻小和我的服事禱告。沒想到父親竟然猶豫了片刻，並且臉上露出遲疑的神色。接著，他用因為中風而口齒不清的聲音問我：「我在心裡想我要講的禱告，跟我嘴巴說出來一樣有效嗎？因為我現在

講話不是很容易。」

　　我當場愣得說不出話來。這個曾經如此自負的理性巨人，竟然問了一個關於神的如此簡單的問題。我向他保證，他不用開口，神也知道他心裡想什麼。父親朝我露出一個不成形的微笑，奮力說道：「那好，兒子，我就當你的禱告勇士。」

　　信主後，父親最大的轉變是脾氣。愛德華·博德過去很喜歡與人爭辯，很容易生氣，總是看什麼事不爽，就直言不諱。但他歸信基督之後，很快便獲得了內心的平靜與無所不在的溫柔。最驚人的是父親開始對一切充滿感激，這是他信主之前，我從未在他身上見過的。

　　這個改變之所以驚人，是因為我父親將自己的生命交給基督後不久，就經歷了許多更值得抱怨的事。信主一年後，父親首次中風，因而身體衰弱。接下來幾年，他幾乎完全喪失了行動和說話能力。最終，這個過去非常獨立自主的男人再也無法自

理，只能坐在輪椅上，八十歲時更是幾近全盲全聾。信主前的愛德華·博德肯定會自怨自艾，可是信主後的愛德華·博德幾乎從不抱怨。

　　說來很不可思議，父親情況越糟，他就越感謝主！在他最後一次中風昏迷之前，有天我在他身旁，他竟然沒來由的開始啜泣。我趕緊大聲對著他的助聽器講話，問他為何落淚。父親的回答讓我大吃一驚。只見這個曾經看不慣一切的老人，裹著尿布坐在輪椅上，眼睛和耳朵幾乎不再作用，除了最簡單的動作什麼也做不了。他開口卻含糊不清的對我說：「因為我覺得自己能在這裡，是多麼蒙主的恩福。」我緊緊抱著他好久好久，父子倆一起啜泣。眼前這個見證神的愛與權柄是多麼深不可測的男人，再也不是我過去認識的父親了。

　　探訪結束前，我親吻了父親和他告別，並對他說：「爸，花點時間想像天堂吧，開心想像天堂會是怎樣的地方。」父親朝我微笑，短短說了句：

「沒問題，兒子。」這是我們最後一次對話。兩週後，父親因為急性中風陷入昏迷，腦內出血，三週後告別了人間，回到天家。

知道父親對天堂的想像實現了，是我最大的喜悅。我想像他在主耶穌面前，因著完全領悟神對他的大慈愛而手舞足蹈，欣喜歡呼。我還是很想他；但對父親的思念，只讓我更加渴慕天堂。

我向神禱告，在我和父親重逢，和眾聖徒齊聚天國之前，祂能繼續使用我和父親的書信引領別人，讓他們和我父親人生最後幾年一樣，跟耶穌基督建立關係，進而翻轉自己的生命。

葛雷格・博德
2003年1月

問題思考 & 討論

書信 01

1. 愛德華說他所不信的多於他所信的，你也是嗎？

2. 過去或現在有哪些奉基督信仰之名行的事，讓你或你認識的人遠離神呢？

3. 就算罪惡猖獗，人的自由如何讓我們仍然相信神是無所不愛的呢？

4. 葛雷格說：「基督信仰並不是一個宗教或宗教機構，而是代表個人與神之間的關係。」你怎麼看？

書信 02

1. 神明明可以阻止罪惡，又讓所有受造物擁有自由意志，但祂為何不總是那樣做呢？

2. 為何給一個人選擇的自由，對真正愛這個人那麼重要呢？

3. 自由意志為何一定蘊含為惡的可能？

4.「罪大惡極之事」的存在是如何蒙蔽你的認知，
　讓你看不清神和祂在世上做的工呢？

書信03

1. 自由、愛與風險，這三者的關係是什麼？

2. 在你生活裡找一個因為愛人而痛苦的例子。那次
　經驗會不會妨礙你對神的愛的看法？怎麼妨礙？

3. 知道神因為愛人類而受創傷，你對神的本質的看
　法有什麼改變？

4. 十字架如何代表神的愛？

5. 聖經承諾死後有天堂存在，這份應許如何讓人在
　受苦中抱有希望？

6. 你認為葛雷格截至目前對惡的解釋恰當嗎？為什
　麼恰當？為什麼不恰當？

1. 愛德華在信裡問道，神為何不能預知未來，然後不創造祂預見將來會作惡的人？這個問題有沒有哪個部分讓你有同感？

2. 基督信仰對神能預知未來的傳統立場是什麼？

3. 葛雷格的想法和傳統立場有何不同？

4. 對於神只創造好人的可能性，傳統立場和葛雷格的共同看法是什麼？

5. 這種對神的看法，對你之前對神預知能力的看法有什麼影響？

1. 神如何知道未來的某些面向，而不知道其餘面向呢？

2. 世上惡的根源是什麼？

3. 惡人如何成為世上苦難的來源？

4. 墮落的屬靈存在如何對世界帶來負面影響？

5. 你對惡魔這個概念有什麼看法？

6. 你覺得葛雷格對「天災」的解釋有說服力嗎？為什麼有說服力？為什麼沒有？

書信06

1. 有「無形體的靈」存在，這個想法如何影響你信不信神？

2. 葛雷格用了哪些理由支持無形體的靈存在？你覺得他的看法有說服力嗎？為什麼有？為什麼沒有？

3. 為什麼「觀察期」對愛那麼重要？

4. 選擇如何影響我們愛的能力？

5. 如何用「雪球效應」來解釋撒但受造時可能是善的，後來卻成為惡？你在和人相處的經驗中見過這種現象嗎？

1. 葛雷格在哪個意義下認為神是全能的，哪個意義下認為神不是全能？你贊同或不贊同他的觀點？為什麼？

2. 神為何釋出部分權力？

3. 人如何常常誤解神對環境與人的掌控權？

4. 你對神的力量和祂對環境的掌控權的理解，如何妨礙你對神的認可？

5. 葛雷格說：「在神的掌控之下，掌握我們生命最後結論的絕不會是罪惡。」你怎麼看？

1. 你認同愛德華對神是否最初便已存在的看法嗎？

2. 人性的本質是什麼？

3. 假設我們受造時被賦予人性，但「人性化」的神不存在，這對我們的生命有何影響？

4. 我們本能渴望意義與目的，如何推導出宇宙具有
   意義和目的？

5. 這封信對於你對人性化的神的看法有什麼影響？

書信 09

1. 愛德華說，天父存在也許是一種「自我安慰」的
   想法，你同意嗎？

2. 演化論對你信不信神有什麼正面或負面的影響？

3. 葛雷格的論點對你看待演化和神的存在有什麼影
   響？（註：葛雷格的論點並不涉及支持或反對演
   化論的科學證據。）

4. 我們感覺自己是理性、有道德感的人，這件事如
   何讓世界純屬偶然的說法站不住腳？

書信 10

1. 當情感在痛苦之中得到醫治，為何能讓我們不再

需要明確知道「為什麼」？

2. 過去哪些個人悲劇，讓你覺得神不在意你？

3. 根據葛雷格的說法，基督信仰獨有（其他宗教都沒有）的信仰是什麼？

4. 福音書宣告，神親身感受人世間如地獄夢魘的苦難，這對於你對神的看法有什麼影響？

5. 假如有人因為另一半被疾病奪走而失去對神的信仰，你會如何反應？

書信 11

1. 根據葛雷格的看法，什麼是禱告的主要目的？他的看法跟你目前的想法是否一樣？

2. 請願的禱告在我們和神的關係裡扮演了什麼角色？

3. 葛雷格在信裡解釋了禱告為何無法被「確定的證實」，你同意他的說法嗎？

4. 人的視野有限，這點如何限制了我們對禱告的理解？

5. 哪一件事，你想真誠跟神分享？

書信 1/2

1. 這兩封信裡討論的問題有多困擾你呢？

2. 地球上生命的渺小，為什麼足以顯示創造浩瀚宇宙的神的愛是無窮盡的？

3. 我們擁有道德觀，為何就代表有完美的道德標準存在？

4. 葛雷格寫道：「神的愛與關心是完美、無止境的，在宇宙間不論還有多少東西需要祂的愛與關心（就我所知可能多得很！）祂都會有多餘的時間、精神給我們這些『小』人物。」他如此堅信的理由是什麼？

5. 從歷史上的耶穌基督如何看出神有多看重人？

書信 13

1. 如果你曾經很難接受福音書描述的耶穌基督是真有其事，原因是什麼？

2. 為什麼「福音書記載的就是歷史」這件事對信仰耶穌那麼重要？

3. 葛雷格在信裡提到的內在標準，哪一個最挑戰你對福音書的看法？

4. 葛雷格在信裡提到的外在標準，哪一個對你來說最重要？

5. 讀完這兩封信之後，你對聖經的看法有什麼改變？

書信 14

1. 一個人對於耶穌基督的信仰，和福音書對耶穌基督言行的事實記述，兩者之間有什麼關係？

2. 西元一世紀的歷史記錄和現代的歷史記錄有什麼

差別？

3. 「拍照／錄音般的記錄」歷史可能會妨礙我們對福音書的理解，為什麼？

4. 四福音書彼此的用詞和事件先後有出入，為何反倒增加了它們的價值？

5. 讀完葛雷格對福音書的說法，你對福音書受聖靈啟示的看法有哪些地方受到了挑戰？

書位 15

1. 在討論作者和日期細節之前，葛雷格表示，就算福音書是在我們傳統認定的寫作時間之後寫的，也不妨礙一個基本的歷史結論，那個結論是什麼？

2. 若福音書是較早時期寫的，有什麼好處？

3. 葛雷格針對福音書作者是誰所提出的論證裡，你覺得哪一個特別重要？

4. 葛雷格認為，「神藉著耶穌為世人贖罪」和歷史證據相符。若確實如此，這對我們的生命有什麼意義與影響？

書信 16

1. 你曾經難以相信耶穌從死裡復活嗎？為什麼很難？為什麼不難？

2. 福音書記載的超自然神蹟會讓你難以相信耶穌嗎？

3. 有些人主張神蹟不可能發生，這個說法有什麼問題？

4. 有些人認為福音書只是傳奇故事，這個想法有什麼問題？

5. 葛雷格舉了一些理由支持耶穌確實復活了，你覺得他的理由有說服力嗎？為什麼有？為什麼沒有？

6. 葛雷格說：「一些如今稀鬆平常的事在它們初次
   發生時，難道不是不平凡的嗎？」他想表達的是
   什麼？你同意他的說法嗎？

書信17

1. 耶穌的神性和祂的復活為何是相連的？
2. 為什麼許多人認為神不可能是人？
3. 認為耶穌只是一個偉人會有什麼問題？
4. 神必須讓我們認識祂的本質，這點為什麼非常重
   要？
5. 我們不了解道成肉身和三位一體是如何發生的，
   對你看待這兩件事有什麼影響？
6. 討論到這裡，讓你仍然無法信仰耶穌基督的理由
   是什麼？

書信 18

1. 閱讀這些書信時，你經歷了哪些認知失調？

2. 為什麼「直接打交道」不是說服人相信神的好方法？

3. 「直接打交道」為什麼會阻礙愛？

4. 為什麼神對某些人來說再真實不過，另一些人卻經歷不到？

5. 即使有再多的邏輯證據，還是需要信心才能做出決定。對於這個事實，你怎麼看？

書信 19

1. 聖經裡那些不尋常的故事，是否曾經阻礙你相信耶穌或聖經？

2. 葛雷格說：「我堅信『耶穌是誰』這個立場自己會站得住腳，聖經的啟示則是完全不同而且是間接的。」他這樣說的理由是什麼？

3. 雖然舊約有許多不尋常之處，但耶穌對這世界的認知也是根據舊約，這會讓你更容易接受舊約嗎？

4. 已實現的預言為何有助於證實聖經是神的話語？

5. 你對聖經還有哪些疑問？

書信20

1. 讀完這封信，你對聖經那些「奇怪的故事」的看法有什麼改變？

2. 葛雷格說：「認真、慎重的看聖經，並不表示要完全依照每個字的字面原意去看。」這句話在表達什麼？你同意或不同意這句話？為什麼？

3. 神在舊約裡使用暴力，這讓你對神的本質產生了哪些疑問？

4. 有關神為何使用暴力，你對葛雷格的解釋有什麼看法？你覺得他的解釋恰不恰當？為什麼？

5. 我們現在的文化和舊時代的文化不同，這點為何可能導致我們誤解舊約裡的故事？

書信 21

1. 根據葛雷格的說法，早期基督徒編纂正典時的觀點與所處環境，為何有助於確立新約的真實性？

2. 新約聖經書卷的揀選過程，為何反倒證實了新約的真實性？

3. 葛雷格對新約外傳的看法對你如何看待聖經有什麼影響？（這個問題對天主教背景的讀者特別相關。）

4. 葛雷格認為新教的聖經不能歸功於天主教，你對他的論點有什麼看法？

書信 22

1. 教會的分歧對你看待神和基督信仰產生了什麼影

響？

2. 承認教會是有罪的，為何其實能讓我們擺脫桎梏，用不一樣的眼光看待神？

3. 不同團體對經文有不同意見，葛雷格對此提出了解釋。他的解釋裡哪個部分對你來說特別有意義？

4. 所有教會都同意葛雷格的說法：「耶穌為我們死，是相信祂的人的救主」。這句話對你有什麼意義？

書信23

1. 你有沒有基督信仰以外的宗教經驗？這些經驗對你的信仰構成了哪些挑戰？

2. 你對其他宗教的經書或聖書有什麼疑問？

3. 相較於其他宗教的經書或聖書，葛雷格用了哪些理由來證明聖經的權威？

4. 葛雷格認為，相信只有聖經是神的話並非思想狹隘。你同不同意他的說法？為什麼？

書信 24

1. 你對基督信仰舊有的地獄教義有過哪些疑問？
2. 聖經有些教導超越人的理性思維，這意味著什麼？
3. 根據葛雷格的說法，為什麼有些人就算不是親身知道耶穌基督仍有可能得救？
4. 這個說法跟你過去聽到的教導有什麼不同？
5. 你同不同意葛雷格的觀點？為什麼？

書信 25

1. 葛雷格坦承他對「地獄」的問題也理不出個頭緒，但仍選擇相信，為什麼？你認為他站得住腳嗎？為什麼站得住腳？為什麼站不住腳？

2. 讀到這封信之前，你對地獄的看法是什麼？葛雷格對聖經裡的比喻的解釋挑戰了你的看法嗎？

3. 人選擇地獄為何會改變大多數人對神的看法？

4. 把自己推入地獄的是人，不是神。這是什麼意思？

5. 葛雷格向父親解釋了「靈魂毀滅說」對地獄的看法。你覺得這種看法如何？

（註：愛德華後來告訴葛雷格，他認同靈魂毀滅說的看法，這對他最終接受基督信仰是非常關鍵的一步。）

書信 26

1. 葛雷格說：「靠自己的努力無法到神面前，因此我們需要基督做我們的救主。」你對這句話有什麼看法？

2. 面對自以為義的人，耶穌為何高舉無法企及的標

準？

3. 神白白賜給我們的禮物是什麼？

4. 聖經裡律法的最終目的是什麼？

書信 27

1. 完美主義和律法主義為什麼反倒會讓人遠離神？

2. 葛雷格建議我們在神和彼此面前呈現真實的自我。這個建議對你有什麼影響？這和你之前對宗教的經驗相符合嗎？還是相衝突？

3. 神面對什麼兩難？而耶穌化身為人並死在十字架上又如何化解了這個兩難？

4. 葛雷格說：「在基督裡，神的愛承擔了祂自己的公義。」你覺得他想表達什麼？這句話在你心裡引發了哪些疑問？

5. 葛雷格給父親的回答是否影響了你對神或耶穌基督的認識？

書信 28

1. 葛雷格對一個信徒可能「既聖潔又有罪」的解釋，你覺得有道理嗎？為什麼？

2. 由內向外改造是什麼意思？

3. 為什麼在彰顯神的聖潔這件事上，「靠自己努力」成不了事？

書信 29

1. 你或你認識的人有誰也跟愛德華一樣，想相信神卻發現難以做到？你如何反應？讀完這封信後，你的作法可能會有哪些改變？

2. 為什麼相信任何一件事難免都需要做個跳躍？

3. 人可不可能太過要求證據，以致永遠不可能相信？

4. 你對巴斯卡賭注有什麼看法？

5. 有哪些方式可以「進入」基督信仰的思想及生活

方式？

6.愛德華和葛雷格的這廿九封書信往來，對你的信仰有什麼影響？

7.若你還未將生命交給基督，是什麼讓你躊躇不前？

國家圖書館出版品預行編目CIP資料

信心的跳躍：懷疑論父親與神學教授兒子的30封真實心靈書信
葛雷格‧博德、愛德華‧博德 著；陳景亭、王逸人 譯
二版--臺北市：財團法人基督教宇宙光全人關懷機構，2023.05
352面；15×21公分
譯自：Letters from a skeptic : a son wrestles with his father's
questions about christianity
ISBN 978-957-727-620-9 (平裝)
1.CST：基督教 2.CST：信仰
242.42 112003525

信心的跳躍

懷疑論父親與神學教授兒子的 30 封真實心靈書信

作者／葛雷格‧博德、愛德華‧博德
譯者／陳景亭、王逸人
選書策畫／金明瑋

總編輯／金薇華
主編／王曉春
責任編輯／俞壽成
資深編輯／張蓮娣
網頁編輯／王品方

發行人／林治平
出版發行／財團法人基督教宇宙光 全人關懷機構
地址／臺北市和平東路二段 24 號 8 樓
電話／ 02-23632107 傳真／ 02-23639764
網站／ www.cosmiccare.org
郵政劃撥／ 11546546（帳戶／宇宙光 全人關懷機構）

承印廠／晨捷文化事業股份有限公司
經銷商／貿騰發賣股份有限公司 www.namode.com
　　　　電話：02-82275988

1999 年 8 月 初版 1 刷
2020 年 9 月 初版 11 刷
2023 年 5 月 二版 1 刷
定價：360 元